Coleção

Biblioteca

do Maçom

EDITORA MAÇÔNICA

A TROLHA

JOAQUIM ROBERTO PINTO CORTEZ

Respingos da História e a MAÇONARIA

Editora Maçônica “A TROLHA” Ltda.
Rua Castro Alves, 264 – Jd. Shangri-lá A – Fone (43) 3337-1982
Fax (43) 3326-0915 – Cx. Postal 238
CEP 86001-970 – Londrina – PR

Londrina, março de 2017

EDITORA MAÇÔNICA "A TROLHA" LTDA.
Rua Castro Alves, 264 – Jd. Shangri-lá A
86070-670 – Londrina – PR
Cx. Postal 238 – CEP 86001-970
Fone (43) **3337-1982** – Fax (43) **3326-0915**
Site: www.atrolha.com.br
E-mail: redacao@atrolha.com.br

Coordenação Geral:
Conselho Editorial

1ª Edição:
2017

Tiragem:
1.150 exemplares

Projeto Gráfico e Diagramação:
Maristela Meneghetti

Capa:
Ulisses R.M. Candreva

Revisão:
Maria Christina Ribeiro Boni

Impressão e acabamento:
Viena Gráfica & Editora

Obediência: *Grande Oriente Paulista*

DADOS INTERNACIONAIS DE CATALOGAÇÃO NA PUBLICAÇÃO (CIP-BRASIL)
CATALOGAÇÃO NA FONTE

C828r Cortez, Joaquim Roberto Pinto.
Respingos da História e a Maçonaria / Joaquim Roberto Pinto Cortez. – 1ª ed. – Londrina: Ed. Maçônica "A TROLHA", 2017.
200p.: il.; 14, 21 cm. – (Coleção Biblioteca do Maçom).

ISBN: 978.85.7252.362-2

1. Maçonaria – Coletânea. 2. Maçonaria – História. I. Título. II. Série.

CDD 360
CDU 061.236

Índices para Catálogo Sistemático:

1. Maçonaria – Coletânea
   061.236 (CDU)
2. Maçonaria – História
   061.236 (CDU)

SUMÁRIO

2ª PARTE – RESPINGOS DA HISTÓRIA

PREFÁCIO

Resolvi tratar algumas coisas completamente diferentes dentro de nossa Maçonaria e de minhas perspectivas. Assuntos pouco mencionados ou nunca tratados pelos nossos autores deverão fazer parte desta Coletânea que nada mais é do que uma mistura de muitos escritos antigos, outros mais recentes, e muitas coisas que passaram pela minha cabeça.

Aqui vou tratar de alguns assuntos que mexem com Filosofia, Ética, Moral e outros que nada mais são do que observações criadas dentro desses meus mais de trinta anos ininterruptos de trabalho dentro da Nobre Arte.

Alguns serão bastante sérios, outros mais leves ou, por vezes, até hilários, outros históricos e nunca tratados pelos nossos autores. A intenção é de produzir uma leitura agradável e trazer novos conhecimentos dentro de nossa Sublime Instituição.

Só para lembrarmos: a leitura deve fazer parte constante de nossos hábitos, portanto apresento mais este conjunto de estudos para a apreciação dos Irmãos.

Marília – SP – 07 de maio de 2015.

O Autor

APRESENTAÇÃO DOS EDITORES

Conhecendo as dificuldades na compreensão do pensamento humano, o historiador e autor deste livro Irmão Joaquim Pinto Cortez nos traz uma coletânea de artigos sobre fatos históricos de uma maneira diferente do que se tem disponível em nosso meio literário, correlacionando-os com nossos dias atuais. Assuntos que realmente mexem com o pensar quando são abordados princípios da filosofia, ética e moral, relatando suas interpretações adquiridas ao longo de seus mais de trinta anos de vivência da Arte Real. Faz questão de frisar e nos lembrar de que o hábito da leitura deve fazer parte da vida aos que almejam o conhecimento, visto elevar a máxima maçônica:

> *Para que nos reunimos aqui?*
>
> *Para promover o bem-estar... Levantando Templos à Virtude e Cavando Masmorras aos Vícios.*

A história vem ao nosso encontro para nos curar do imediatismo e eventualmente, sanar o estado de inconsciência a que estamos sujeitos. Em tempos de desconstrução de conceitos, ideais e fatos, é de fundamental importância ir além da superficialidade do pensamento comum.

A história como narrativa dos fenômenos filosóficos e simbólicos traduz para o homem atual sua existência *per si*, explicando, assim, o aumento da procura por livros de conteúdo histórico. A ânsia pelo novo é o que faz caminhar a humanidade, no entanto, pode ser tão angustiante, que o homem está se voltando para o passado em busca do elo perdido.

Em tempos reais, ao se buscar uma única informação, podem surgir outras mil que não interessam, mas que desviam a atenção, em um crescimento exponencial de informações, e você que até então estava acostumado a um crescimento linear da quantidade informativa, absorvendo naturalmente o que lia e aprendia, e, quase sem perceber, dá início a uma atroz superficialidade intelectual e, consequentemente, começa a duvidar do seu pensar. Inconscientemente entrega-se ao que lê nos *feeds,* redes sociais e *blogs* que, conscientemente, obtêm ganho financeiro sobre as pessoas que os leem, portanto, claro está que a veracidade ou não da notícia pouquíssimo importa, mesmo que não seja inédita e não passe de uma repetição maquiada do que já foi escrito anteriormente.

Nós, os Maçons, sabemos disso, e, ao largo do tédio e da estagnação mental provocadas pelo excesso de informações descontinuadas e de teor suspeito, passaremos bebendo sempre em fontes limpas.

Londrina, fevereiro 2017.
Os Editores

1° CAPÍTULO

RECOMPENSAS MAÇÔNICAS

De forma geral, sempre encontramos um Título que trata de Recompensas Maçônicas nas Leis e Regimentos das diversas Potências existentes no Brasil.

Eu aproveitei esta ocasião para fazer um estudo em relação à Filosofia que deve nortear as suas concessões. O que vai se seguir é o meu entendimento relativo ao caso, com base em nossas Leis e Regimentos.

Em algumas Potências, qualquer concessão de uma Recompensa, seja ela de Medalha, de Comenda, de Título ou de Condecoração, já está perfeitamente definida em suas chamadas "Constituições".

Dentro das Lojas este assunto deverá, obrigatoriamente, levar em consideração as regulamentações específicas existentes.

As Medalhas, Condecorações ou Títulos pretendidos deverão ser apresentados, através de uma Proposta formal, submetida à Loja, discutida e, se julgada pertinente, encaminhada ao Poder Central.

Depois de aprovada junto à Sede da Potência, deverá ser emitida uma Norma específica para cada caso. Esta norma poderá ser feita através de um Ato, Decreto ou mesmo uma Lei. As demais providências relativas ao fato, como emissão dos Diplomas e confecção das Medalhas, serão atribuições da Sede. As despesas referentes a estas concessões serão debitadas às Lojas.

Note-se aqui que deixei de fora, propositalmente, o caso das Comendas que julgo merecer um estudo especial!

Em algumas Constituições encontramos normas que, em linhas gerais, seguem os seguintes dizeres: *a criação de Títulos de Benemérito ou Grande Benemérito (assim como de Condecorações), destinados a premiar Maçons e não Maçons, que se distinguirem por serviços prestados à Ordem ou à Humanidade, será feita por Lei Ordinária, de iniciativa do Poder Executivo ou em algumas Potências, da Assembleia Legislativa.*

Os títulos aqui citados, de forma geral, já existem e são regulamentados por Leis específicas dentro de cada Potência. Quanto aos Títulos de Benemérito ou Grande Benemérito é possível que, além de Irmãos, eles possam ser estendidos às Lojas. Estas regulamentações, possivelmente, contenham restrições quanto à idade cronológica e tempo de filiação à Ordem e à Loja. Deve ser também observado o tempo de trabalho ininterrupto em uma Loja. Não acredito que estes Títulos possam ser concedidos a não Maçons.

No caso dos Diplomas e as Medalhas (como é o caso de Honra ao Mérito, por exemplo), poderiam ser concedidos também a não Maçons (inclusive mulheres) que prestassem trabalhos relevantes para as Comunidades, para a Pátria ou mesmo para a Humanidade.

Sendo a Comenda um caso que considero diferenciado e que, portanto, é merecedor de um estudo à parte. Considerada como uma espécie de condecoração destinada a todos aqueles que se distinguirem por serviços prestados à Loja, à Comunidade, à Pátria ou mesmo à Humanidade, em meu modo de entender deverá ser objeto de uma Legislação específica para cada caso.

Aqui, deveremos ter o nome da Comenda, os motivos, as épocas e as qualidades necessárias para que ela possa ser concedida. No caso poderão ser concedidas a Maçons ou não e até mesmo às mulheres. Sua forma material e seu diploma devem estar perfeitamente delineados na Norma que a criou.

As Comendas podem ser concedidas a pedido das Lojas, por iniciativa do Poder Central ou até mesmo pela Assembleia Legislativa. As despesas decorrentes, neste caso, deverão ser arcadas por aquele que tomou a iniciativa da concessão.

Diante do exposto parecem estar fechadas todas as portas para qualquer premiação a ser concedida exclusivamente por uma Loja. Todavia, acredito que exista uma maneira que permita uma abertura para este caso. Todas as Lojas são consideradas células independentes de um organismo maior, segundo todas as nossas tradições.

A partir de que exista, na Constituição da Potência, um Título que trate da concessão de distinções honoríficas e, ainda mais, não havendo nenhuma disposição legal em contrário, as Lojas poderão criar as suas próprias Medalhas, Comendas, Títulos ou Condecorações.

Seria o caso muito mais específico de Medalhas ou Comendas a serem criadas dentro das próprias Lojas. Para isto deveria haver uma Proposta de criação, estudada, discutida e aprovada pela Loja. A partir disto, por uma Resolução, baixada pelo Venerável-Mestre, estaria criada a Medalha ou a Comenda. *Note-se que aqui temos duas diferentes ideias!*

A criação de uma Medalha deveria ter uma finalidade específica, para atender exclusivamente aos Membros ativos ou inativos da Loja. O motivo da criação teria que aparecer, obrigatoriamente, no corpo da Resolução. A disposição deveria ter validade permanente. Poderia ser revogada se a Loja, depois de lida, discutida e aprovada uma nova Proposta, assim o entender.

Durante a vigência da Resolução, poderia ser concedida a Medalha, a todo Membro da Loja, dentro dos princípios estabelecidos, a qualquer momento e tantas vezes quantas forem julgadas convenientes. Sempre deverá depender da apresentação de uma proposta analisada e aprovada em Loja, ficando vedado, terminantemente, um Irmão já beneficiado receber uma segunda concessão. As despesas decorrentes serão por conta da Loja. Deve-se notar que a forma de entrega e o modelo da Medalha já deverão constar na Resolução que a criou. Poderão ser criados tantos tipos de Medalhas quantos uma Loja julgar necessárias!

Como as Medalhas, no meu modo de entender, seriam apenas para premiar os Maçons pertencentes a uma Loja, nos sobraria a Comenda para todos os demais casos. Considero a Comenda um laurel muito maior, devendo ser concedida apenas em condições excepcionais a Maçons pertencentes ou não ao Quadro da Loja e, até mesmo, a não Maçons, inclusive mulheres.

Se a Loja entender que existem possibilidades para a concessão de Comendas, isto depois de discutida e aprovada uma Proposta neste sentido, deverá o Venerável-Mestre baixar uma Resolução, criando a Comenda, com seu respectivo nome e condições para sua concessão conforme o conteúdo da Proposição aprovada, formando, ao mesmo tempo, uma Comissão de Mérito, composta por três Membros (como exemplo), renovável a cada nova Administração eleita. Deve ficar bem esclarecido que esta Resolução poderá ser revogada, a qualquer momento, se a Loja assim o entender.

Existindo uma Resolução relativa à concessão de Comendas e recebida pela Loja uma Proposta neste sentido, deverá ela ser encaminhada à Comissão de Mérito que irá fazer uma análise profunda quanto aos valores da pessoa indicada. Havendo anuência desta Comissão, a Proposta será lida, discutida e julgada pela Loja, através de um Escrutínio Secreto onde três ou mais bolas pretas, por exemplo, poderão rejeitá-la.

Aprovada uma Proposta, deverá o Venerável-Mestre baixar nova Resolução, agora específica, devendo constar, obrigatoriamente, os motivos que nortearam a concessão bem como o nome e a qualificação do favorecido, mandando confeccionar a Comenda e o respectivo Diploma.

Teremos aqui duas possibilidades:

1ª – Se o beneficiário for Maçom, deveria ele ser contatado, para a comunicação do fato e marcação de data para a entrega. Esta deveria ocorrer em uma Sessão Magna, com toda a solenidade que o ato merece e com a expedição de convites às demais coirmãs.

2ª – Se o beneficiário não for Maçom, deverá ele ser contatado, para a comunicação do fato e marcação de data para a entrega. Esta deverá ocorrer em uma Sessão Solene Pública com toda a magnitude que o ato merece, com a expedição de convites às demais coirmãs, bem como a todas as Autoridades e cidadãos julgados convenientes.

Pelo exposto podemos notar que existem várias possibilidades para a concessão de Recompensas Maçônicas por parte de uma Loja. As primeiras formas aqui expostas, sejam elas Medalhas, Condecorações ou Títulos, indicam, claramente, a necessidade de uma anuência do Poder Central.

No meu modo de entender, esta é a maneira mais simples e conveniente para que uma Loja possa mostrar seu reconhecimento a seus Membros ou pessoas da Sociedade pelos serviços prestados!

Por outro lado, acredito que a concessão de uma Comenda deveria ser restrita à Administração de uma Potência, ressalvada a liberdade de uma concessão feita particularmente por uma Loja!

A concessão de Títulos, Medalhas, Condecorações e Comendas no âmbito das Lojas, que seria uma segunda possibilidade, apresenta algumas dificuldades maiores, mas não impeditivas.

As concessões para Membros ativos ou inativos de uma Loja são relativamente simples. Para isto teremos que ter uma Resolução, baixada pelo Venerável-Mestre, depois da apresentação e aprovação de uma Proposta pela Loja, determinando o tipo de Título,

Medalha ou Condecoração a ser criada e as condições necessárias para a sua concessão.

Todos os Irmãos que se enquadrarem nas condições previstas poderão ser beneficiados com o prêmio. A Loja deverá apreciar e aprovar uma Proposta neste sentido e, se aprovada, será marcada uma Sessão Magna para a sua entrega. As formas de apresentação que deverão ter os Títulos, Medalhas ou Condecorações aprovadas deverão possuir um projeto indicando todos os elementos necessários para as suas composições, inclusive com os dizeres e/ou figuras que neles deverão constar. As despesas decorrentes deverão ser providas pela própria Loja.

A concessão destes tipos de premiações para Maçons não pertencentes ao Quadro da Loja apresentaria algumas dificuldades maiores, mas que respeitadas as circunstâncias específicas para cada caso seriam perfeitamente superadas.

Para Honrarias no Mundo Profano ficariam reservadas as Comendas que, evidentemente, poderiam ser concedidas também a Maçons do Quadro ou não. Nestes casos as dificuldades seriam bastante grandes porque dependeriam de uma análise dos méritos das pessoas a serem beneficiadas. Este processo de análise é bastante subjetivo e aquilo que pode ser considerado mérito por alguns não o é, necessariamente, para o grupo todo. Daí poderá existir uma oposição por parte de alguns Membros do Quadro quanto à concessão de uma Comenda para uma pessoa. *Mesmo dentro de uma Comissão composta por apenas três Membros poderão aparecer divergências!*

Por outro lado, as despesas decorrentes da confecção da Comenda e seu respectivo Diploma e, especialmente, aquelas necessárias para a realização de uma Sessão Magna serão relativamente altas. *Será mais complicado ainda, no caso de um não Maçom, com a realização de uma Sessão Solene e Pública!*

Claro é que se o beneficiário for Irmão do Quadro, a

concessão seria mais simplificada e as despesas decorrentes poderiam ser bastante reduzidas!

Considerando todos os obstáculos existentes, a concessão de uma Comenda deve ser um caso muito bem estudado previamente. *Ela só poderá ocorrer em ocasiões tremendamente excepcionais e, ainda mais, se houver um consenso geral quanto ao nome e aos méritos do indicado ou da indicada. Não nos esqueçamos que poderá ser outorgada a um não Maçom ou mesmo para uma mulher!*

Esta é a minha forma de pensar diante destes tipos de premiação. Claro é que outras formas de pensar e se posicionar certamente existirão! Espero que as ideias aqui contidas possam ajudar aos Irmãos ou Lojas quando se virem envolvidos por condições semelhantes as aqui mostradas, servindo como uma luz, indicando sempre um bom caminho. Se alguma Loja julgar alguém merecedor de qualquer tipo de Galardão, que siga em frente!

2° CAPÍTULO

A QUESTÃO DA ÉTICA E DA MORAL NO VOTO DOS EMÉRITOS

Normalmente eu me prendo a temas históricos e algumas vezes ao Simbolismo. Minha opção de temas é muito clara. Em História, se fizermos uma boa pesquisa e análise dos fatos, poderemos chegar bem perto da Verdade. Apesar de tudo, em História nunca há uma Verdade Absoluta, pois todos os fatos passados, de forma geral, foram narrados por Homens e os Homens... São os Homens!

Dentro do Simbolismo, apesar de algumas incursões, não me sinto muito à vontade, pois os temas relacionados dependem, quase sempre, de uma interpretação e esta pode variar bastante de pessoa para pessoa, na dependência de uma série de fatores que não vêm ao caso examinarmos neste momento.

No entanto, tudo aquilo que envolve temas filosóficos apresenta um grau incomensurável de dificuldades. Inclusive as próprias definições dos assuntos propostos suscitam inúmeras dúvidas e controvérsias. Vejamos, por exemplo, as duas palavras que fazem parte do Título deste estudo.

Comecemos pela palavra Ética. No Novo Dicionário Aurélio nós encontramos a seguinte definição:

> *Estudo dos juízos de apreciação referentes à conduta humana suscetível de qualificação do ponto de vista do bem e do mal, seja relativamente a determinada sociedade, seja de modo absoluto.*

A questão que salta imediatamente à vista é: seria tão somente isto ou a palavra Ética implicaria em outras conotações?

Podemos entender a Ética como sendo relacionada ao comportamento Moral do Homem e sua atuação dentro do Meio Social em que convive. Ora, notamos que, neste entendimento, a Ética se mistura à Moral. Seria isto possível?

Dentro dos princípios filosóficos que norteiam a Ética, vamos entendê-la como sendo apenas um dos ramos da Filosofia que estuda os preceitos morais que orientam a conduta do Ser Humano. Quando somos obrigados a fazer uma escolha que poderá, eventualmente, afetar a terceiros, teremos que nortear as nossas opções dentro dos princípios da Ética. Sempre que exista a necessidade de optarmos por alguma coisa, a Ética aparece como princípio básico e fundamental.

Se entendermos a palavra Ética, a partir de suas origens gregas *(ethikos)*, significando tudo aquilo que seja um bom costume ou um costume superior, não poderemos considerá-la como um simples sinônimo ou ligada ao termo Moral.

A diferença clássica entre as duas palavras é que, enquanto a Moral baseia-se sobre os hábitos recebidos ou aprendidos durante o desenvolvimento da Humanidade, a Ética busca fundamentar todas as suas atitudes assentadas nas normas ditadas pela Razão. Assim sendo, temos que reconhecer a existência de uma Ética especial, ligada a cada campo do conhecimento humano. A Ética pode ser vista relacionada às atitudes Médicas, Legislativas, Psicológicas, Pedagógicas, entre outras. Deveria ser o mais importante fator nas escolhas realizadas dentro do campo Político, mas este princípio parece estar em desuso em diversas partes do Mundo, e muito mais especialmente, entre os políticos brasileiros, que a partir do momento em que assumem qualquer cargo eletivo se esquecem de seus eleitores e, principalmente, de seu Povo e de seu País!

Quanto ao termo Moral, vejamos o que nos diz o Novo Dicionário Aurélio, em termos de Filosofia:

> *Conjunto de regras de conduta consideradas como válidas, quer de modo absoluto para qualquer tempo e lugar, quer para grupo ou pessoa determinada.*

A definição é muito vasta e superficial, dando a impressão de que seria genérica para todos os agrupamentos humanos e em todos os tempos. Nós reconhecemos a existência de uma infinidade de conceitos para o termo Moral que variaram constantemente no decorrer dos tempos e mudando de uma para outra Civilização.

A palavra deriva do Latim "*Morale*", com o significado genérico de "relativo aos costumes". Entendemos que não existem hábitos sociais ou costumes que estejam totalmente separados de um conjunto de normas éticas que se enraízam dentro de uma sociedade, passando a adquirir o caráter de uma Lei. Não podemos esquecer que é comum, em todas as civilizações, a existência do chamado Direito Consuetudinário que corresponde a um conjunto de normas não escritas que são originárias dos usos e costumes tradicionais de um povo.

Diante disto, podemos entender por que os termos Ética e Moral, muitas vezes, se confundem ou são usados um pelo outro. No entanto, se formos analisar as duas definições acima, chegaremos à conclusão que o termo Moral tem uma conotação muito mais ampla, porque enquanto a Ética abrange tão somente "os juízos de apreciação referentes à conduta humana", a Moral vai muito mais longe, englobando um conjunto de regras que são válidas para um determinado grupo humano e em um espaço de tempo.

Passemos então à questão dos Eméritos. O termo Emérito deve ser entendido, dentro de nossa Ordem, como está contido no Dicionário Aurélio:

Muito versado em uma ciência ou arte; sábio, insigne.

Dentro da Maçonaria e entre todas as Potências reconhecidas e regulares brasileiras(*1), existem regulamentações para a concessão do título de Emérito para os Obreiros. Apesar de algumas variações, as exigências se prendem ao tempo decorrido desde sua Iniciação na Ordem, frequência regular, idade cronológica, entre outras. Geralmente pede-se pelo menos sessenta ou sessenta e cinco anos de idade e mais vinte e cinco anos de Filiação à Ordem e, pelo menos, frequência regular nos últimos dez anos. Desta forma, o detentor de todas estas qualificações reúne as condições para que possa receber o título de "Emérito".

Atendidas as exigências da Potência, a Loja se incumbirá de pedir a concessão do título. Concedida a qualidade, o Irmão poderá receber diversas regalias, inclusive pecuniárias. No entanto, geralmente um direito que é reconhecido aos Eméritos, por todas as Potências, se refere à não necessária frequência às Sessões regulares da Loja.

Em conclusão, todos os Eméritos que mantiverem as suas contribuições rigorosamente em dia não poderão ser excluídos da Ordem, mesmo não frequentando a nenhuma de nossas Sessões. Além disto, as Lojas, muitas vezes, concedem isenção de contribuições pecuniárias que vão desde as taxas que lhes são devidas, até a dispensa total de todas elas.

Sendo que um detentor deste Título não é obrigado a assistir às Sessões realizadas pela Loja, pergunta-se: sem comparecer a nenhuma Sessão, o Obreiro teria direito a votar ou ser votado ou, então, poderia um Irmão, nestas condições, apresentar um Candidato à Iniciação em sua Loja?

(*1) Aqui falamos, genericamente, em todas as Lojas reconhecidas e regulares brasileiras, independentemente do fato de pertencerem ao GOB, ou às Grandes Lojas ou à COMAB, apesar de que alguns poucos *"IRMÃOS"* insistam, ainda, no não reconhecimento entre todos, indo na contramão da Maçonaria Universal.

Aqui entramos em um campo pantanoso, cercado por inúmeras armadilhas e dotado de profundas areias movediças. Qual a razão para esta assertiva? Ora, as razões são extremamente claras: trata-se de um assunto que só pode ser julgado à luz dos conceitos da Ética e da Moral.

Para começarmos a análise, vamos a um caso extremo: um Obreiro com frequência zero teria um mínimo de conhecimento sobre os problemas e dificuldades enfrentadas por sua Loja? A nossa resposta para este caso seria não.

Vamos mais longe ainda, os Eméritos, nestas condições, na maioria dos casos, nem conhecem todos os Irmãos pertencentes ao Quadro da Loja. O Emérito, não sendo obrigado a frequentar a Loja, poderia, ética e moralmente, votar nas eleições para um Sereníssimo Grão-Mestre ou um Venerável Mestre para sua Loja? Poderia escolher, com toda a segurança, um Candidato para apresentá-lo em Loja? Acreditamos que não haveria nenhuma Ética ou Moral neste tipo de voto e que seria muito difícil a escolha de um Candidato que viesse a se enquadrar nas condições de momento existentes na Loja.

Um segundo caso abre-se para aqueles Eméritos que tenham alguma frequência à Loja. Como poderíamos estabelecer um parâmetro de frequência mínima que lhe permitiria o total conhecimento do andamento dos trabalhos e das necessidades de sua Loja? Digamos que estabelecido o parâmetro de 50% de frequência mínima, fato que já vem acontecendo em algumas Potências, ele poderia se inteirar de todos os problemas e dificuldades e, portanto, votar conscientemente. Pergunta-se, qual seria a diferença entre 49% ou 50%? Então, um poderia votar e o outro não? Haveria Ética em um procedimento deste tipo? Onde poderíamos encontrar resposta para esta questão? Devemos esclarecer que existe uma frequência mínima para os Obreiros que não tenham o título de Emérito possam votar ou serem votados.

Por outro lado, quando existe uma disputa pela direção de uma Potência ou Loja, especialmente às vésperas de uma eleição, o voto dos Eméritos ganha uma grande importância podendo, inclusive, decidir a eleição. Nestas condições, temos notado um corre-corre desenfreado em busca do voto dos Eméritos. Os Candidatos tentam, por todas as formas, convencer um maior número de Eméritos de que são os melhores. Os meios empregados nesta tarefa de angariação de votos nem sempre se utilizam de preceitos ditados pela Moral ou pela Ética.

Já chegamos a ver Irmãos bastante idosos, há muito tempo afastados de nossos trabalhos, serem levados à Loja, inclusive em cadeiras de roda, para votarem neste ou naquele Candidato. Existiria uma Ética ou Moral neste tipo de procedimento? Quem seria o pior: aquele que conduz o Irmão sem condições de votar ou aquele que se deixa conduzir? Em nossa opinião, este tipo de conduta não poderia existir dentro da Maçonaria, pois todos nós somos ***Livres e de Bons Costumes***. Portanto, aqueles que procederem desta maneira não se utilizam dos mínimos conceitos da Ética ou Moral que tanto pregamos! (**Grifo do Autor**)

Em conclusão, dizemos acreditar, especialmente no caso de eleições, que os direitos dos Eméritos devam ser equiparados aos de todos os demais Obreiros. A única forma de equiparação, neste sentido, é manter igualadas as condições de frequência mínima, tanto para os não Eméritos como para os Eméritos. A lisura do processo eletivo seria mantida sem que a Ética ou a Moral fossem arranhadas. Quanto à frequência mínima a ser exigida, caberia a cada Potência decidir o que lhe seria mais conveniente. Afinal de contas nossas Leis e Regulamentos exigem de todos os Obreiros a frequência aos Trabalhos e aquele que não cumprir esta norma pode e deve ser excluído da Ordem!

3° CAPÍTULO

AS CIVILIZAÇÕES MESOPOTÂMICAS

Estamos, em termos de Maçonaria, por demais acostumados a estudar ou comentar fatos ligados à Civilização Egípcia. Muitos pseudo-historiadores atribuem explicações imensamente fantasiosas para um conjunto de fatos e tradições maçônicas. Não raro encontramos autores, alguns de grande renome, que pretendem ver nas figuras e escrita egípcias símbolos maçônicos. Absurdo maior não poderia haver!

Como já afirmei:

> *O estudo da Maçonaria, especialmente em sua parte histórica, sempre tem deixado muito a desejar. Entre todos aqueles que tratam da Maçonaria, podemos reconhecer, basicamente, quatro tipos: os detratores, os bajuladores, os mistificadores e os falsos conhecedores. É muito difícil dizer qual destes tipos de comportamento tem causado mais mal para os estudos e conhecimentos sobre a Nobre Arte.*
>
> *Dentre os aduladores, sempre é necessário destacar o Doutor George Oliver que escreveu, em sua "Origens da Franco-Maçonaria", o seguinte disparate: "A antiga tradição maçônica afirma –* ***e eu concordo inteiramente com esta opinião*** *– que nossa sociedade existia antes da criação da Terra, nos diversos sistemas solares."* (O Negrito é meu!)[1]

[1] Cortez, Joaquim Roberto Pinto – "*A Maçonaria Escocesa* – Fatos, Verdades e Realidades" – 1ª Edição. Londrina: "A TROLHA", 2009.

Acontece que ao mesmo tempo em que o Egito desenvolvia a sua civilização, na Mesopotâmia, paralelamente, crescia outra. Entre os historiadores existe uma dúvida quanto à primazia entre as duas civilizações. Qual teria sido a primeira: Egípcios ou Mesopotâmicos?

A chamada Mesopotâmia é um planalto de origem vulcânica, com terras bastante férteis, localizado no Oriente Médio, entre os rios Tigre e Eufrates, dentro das terras que constituíram o antigo Império Persa. Basicamente, na atualidade, o território pertence quase que totalmente ao Iraque, como se pode bem notar no mapa abaixo. A origem da palavra vem do grego Meso = meio ou entre e Pótamus = rios, significando, de forma geral, uma terra entre rios. Os dois rios nascem em terras altas da atual Armênia e vão desaguar no Golfo Pérsico.

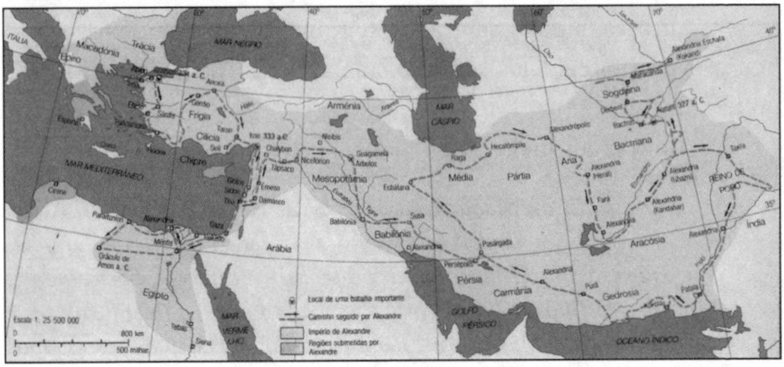

Pelo mapa, podemos notar, ainda, a proximidade entre as terras da Mesopotâmia e o Vale do Nilo que aparece um pouco mais à esquerda nas proximidades do Mediterrâneo e do Mar Vermelho.

Esta proximidade nos mostra, muito bem, o fato de que a Civilização Ocidental, como nós a conhecemos hoje, teve sua origem exatamente na área do chamado Crescente Fértil.

As terras da Mesopotâmia podem ser divididas em duas áreas distintas: ao Norte, mais montanhosa, com clima relativamente desértico, com poucas pastagens, fica a Alta Mesopotâmia ou

Assíria. Ao Sul, muito mais fértil graças aos dois rios, fica a Baixa Mesopotâmia ou Caldeia.

O desenvolvimento das civilizações Egípcia e Mesopotâmicas ocorreu muito rapidamente. Passaram pelas chamadas Idades do Cobre, do Bronze e pela Idade do Ferro, muito antes do que qualquer povo europeu. A partir destas duas áreas, estes conhecimentos difundiram-se para o Oeste, atingindo as terras das atuais Síria, Palestina e Turquia, passando daí para as ilhas mediterrâneas chegando à Grécia e à Itália. Para o Leste espalhou-se por todo o Império Persa.

As civilizações mesopotâmicas diferenciavam-se profundamente, em termos de Filosofia, da egípcia. Somente para não irmos muito longe, vamos lembrar que no Egito acreditava-se na imortalidade da alma e os homens dedicavam parte de seu tempo na preparação para uma vida futura. Daí todo o desenvolvimento do processo de mumificação. Quanto aos aspectos religiosos chegaram até uma fase monoteísta.

Nos povos mesopotâmicos, ao contrário, não havia preocupação com a vida futura, vivendo-se apenas o presente. Em termos gerais eram pessimistas, melancólicos e fatalistas. A religião nunca passou de um antropomorfismo politeísta, havendo divindades que representavam o Sol, a chuva, os ventos, os princípios femininos e, inclusive, uma entidade má e perversa.

> *A civilização mesopotâmica era completamente diferente da egípcia. Sua história política é assinalada por interrupções bruscas; sua composição racial era menos homogênea e sua estrutura social e econômica oferecia campo mais longo à iniciativa individual.* [2] (sic)

A chamada Civilização Mesopotâmica, antes de ter sua

---

[2] Burns, Edward McNall. "*História da Civilização Oriental*". 3ª Edição. 4ª Reimpressão. Porto Alegre: Globo.1975.

continuidade através dos Medos e Persas, dos Hititas, dos Fenícios, até atingir os Hebreus e entrar em contato com os Egípcios, espalhando-se pelo Mediterrâneo, atingindo a Grécia, o grande farol daquilo que chamamos de Mundo Civilizado, basicamente, pode ser dividida em três grandes períodos, apesar de não haver uma continuidade entre eles: o 1º Império Babilônico com os Sumérios, o Império Assírio e o 2º Império Babilônico com os Caldeus.

O início da ocupação humana desta área foi realizado por um grupo de origem desconhecida, provavelmente proveniente dos planaltos da Ásia Central que se estabeleceu na parte Sul dos vales dos rios Tigre e Eufrates por volta de 3.500 a 3.000 a.C. e que ficaram conhecidos como Sumérios.

Aqui, o assentamento destes povos deveu-se à fertilidade natural das terras e à existência das águas dos dois rios. De início fundaram algumas pequenas Cidades-Estados, das quais a mais famosa ficou sendo Ur, localizada na Caldeia, às margens do Rio Eufrates, a cerca de 240 km do Golfo Pérsico. Segundo as tradições, nesta cidade viveu o Patriarca Bíblico Abraão, que daí saiu em busca das terras de Canaã, já no chamado Crescente Fértil.

Estas Cidades-Estados viviam sem muitas ligações entre si e somente se uniam para fins militares. Cada uma delas era liderada por um chefe que reunia as funções de sacerdote, comandante militar e supervisor do sistema de irrigação. Somente por volta de 2.300 a.C. que todos os sumerianos se uniram sob um único comando, com a presença de um chefe de nome Dungi.

Os sumérios praticavam a agricultura e estabeleceram um sistema de irrigação para melhor aproveitamento das águas e, como consequência, aumentar suas colheitas. Possuíram rebanhos de bovinos e ovinos e, em suas cidades, estabeleceram um padrão de construção que tinha por base tijolos feitos com argila. Utilizavam-se das pedras apenas para esculpir as imagens de seus deuses e reis.

Estabeleceram sua capital na cidade de Babilônia, daí a denominação de 1º Império Babilônico.

Pelas necessidades comerciais e registro da contabilidade dos Templos (Zigurates), que passaram a adquirir um rico patrimônio, em forma de oferendas religiosas constituídas por terras, rebanhos e escravos, os sumérios desenvolveram um complexo sistema de escrita que ficou conhecido como Escrita Cuneiforme. Chegaram a estabelecer um conjunto de trezentos e cinquenta sinais silábicos e fonéticos. Eram gravadas séries de sinais, em forma de cunhas, sobre tabletes de argila mole, posteriormente secos e endurecidos ao Sol. Este sistema, com o passar do tempo, passou a registrar também textos religiosos e, especialmente, jurídicos.

O Zigurate era uma construção em forma de pirâmide constituída por inúmeros terraços tendo ao topo um Templo. Esta forma foi, posteriormente, copiada por inúmeros outros povos.

> *A agricultura era o principal interesse econômico da maior parte dos cidadãos, sendo os sumerianos ótimos lavradores. Devido o seu conhecimento de irrigação, conseguiam fartas colheitas de cereais e frutos subtropicais. Sendo a terra dividida em grandes propriedades que se achavam nas mãos dos governantes, dos padres e dos oficiais do exército, o cidadão rural médio ou era um rendeiro ou um servo. No comércio estava a segunda riqueza nacional. Um ativo intercâmbio se estabelecera com todos os países vizinhos, girando em torno da troca de metais e de madeiras procedentes do norte e do oeste, por produtos agrícolas e mercadorias manufaturadas nas regiões inferiores do vale.*[3] (sic)

Os sumérios não fizeram grandes coisas nas atividades intelectuais. Sua grande realização, no entanto, foi a escrita que estava destinada a ser conhecida mesmo muito depois do desaparecimento de sua civilização. Na Matemática, descobriram os processos de

---

[3] Burns, Edward McNall. *"História da Civilização Oriental"*. 3ª Edição. 4ª Reimpressão. Porto Alegre: Globo.1975.

multiplicação e divisão e até as raízes quadradas e cúbicas. Seu sistema de numeração, pesos e medidas era duodecimal, tendo o número sessenta como unidade mais comum. A Astronomia era pouco mais que astrologia e a medicina, um curioso misto de ervas e magia. O receituário dos médicos consistia, principalmente, em feitiços para exorcizar as entidades más que acreditavam serem causas de doenças.

Como artistas, os sumérios destacaram-se nos trabalhos com metal, na lapidação de pedras preciosas e esculturas.

A educação estava nas mãos dos sacerdotes e assim sua influência era culminante sobre a vida intelectual total da nação. Nas escolas dos templos, ensinavam aos estudantes o complicado sistema de escrita. Também se ensinava a Matemática e ainda a língua suméria e semítica. Os estudantes que desejassem podiam continuar em estudos mais especializados, visando uma profissão como a medicina, o sacerdócio e a arquitetura.

Monólito com Código de Hamurabi

Touro Alado Assírio

Um detalhe importante e que deve ser mencionado é que a parte do direito babilônico acabou por se perpetuar graças ao chamado Código de Hamurabi onde se destacava a famosa Lei de Talião, ou seja, dente por dente, olho por olho.

O 1º Império Babilônico sucumbiu diante da força de um povo invasor, extremamente belicoso, vindo do Norte e que foram designados como Assírios.

Com o declínio do Império Sumério, passou a dominar a Mesopotâmia um grupo conhecido, de forma genérica, por Assírios, um povo de origem semita que vivia na região leste da Alta Mesopotâmia, entre o rio Tigre e a Cordilheira de Zagros.

> *Os assírios eram antes de tudo uma nação de guerreiros, não porque se diferenciavam racialmente de outros povos semitas, mas graças às condições especiais de seu próprio ambiente. Sua situação apresentava notável semelhança com a dos japoneses modernos, salvo quanto a viverem num planalto em vez dum arquipélago. Os recursos limitados de sua terra natal e o perigo constante de ataques por parte de nações hostis da circunvizinhança forçaram-nos a desenvolver hábitos belicosos e ambições imperialistas no momento em que a população começou a ultrapassar as possibilidades de subsistência.* [4] (sic)

---

[4] Burns, Edward McNall. *"História da Civilização Oriental"*. 3ª Edição. 4ª Reimpressão. Porto Alegre: Globo.1975.

Estenderam seus domínios por toda a Mesopotâmia acabando por subjugar, além dos Babilônios, os Hebreus e Egípcios. Seu período de domínio estendeu-se de aproximadamente 2300 até 612 a.C. sendo que o ápice de seu esplendor foi sob o Rei Sargão II.

Na verdade os assírios constituíram uma esplêndida máquina de guerra que lhes permitia estar constantemente em novas conquistas. Suas forças militares representavam a última palavra em preparação e armamentos. Seu armamento era constituído especialmente por espadas de ferro, longas lanças, pesados arcos, capacetes e escudos em metal, além de aríetes, torres de ataque e uma cavalaria pesada.

> *Os assírios também lançavam mão do terror como meio de subjugar o inimigo. Infligiam aos soldados capturados em batalha e, às vezes, aos não combatentes crueldades indescritíveis, como o esfolamento em vida, o empalamento, a amputação de orelhas, narizes e órgãos sexuais e, depois exibiam em gaiolas as vítimas mutiladas, para servir de advertência às cidades que ainda não se tinham rendido.* [5] (sic)

Graças a estas imensas crueldades os Assírios se tornaram o povo mais odiado da Antiguidade. Apesar de todo o seu armamento, seu grande império, depois de estabelecido, durou pouco mais de um século. Uma nação depois da outra foi entrando em luta contra eles até que conseguiram derrubá-los do poder. Os Caldeus, associados aos citas e aos medos, tomaram e destruíram sua capital Nínive (apogeu entre 705 e 612 a.C.) pondo fim ao Império Assírio.

Os Assírios, sempre preocupados com sua expansão, desenvolveram tão somente as artes bélicas descuidando-se totalmente da parte intelectual. Sua imensa crueldade fez com que seus adversários, quando conseguiram subjugá-los, agissem com uma vingança

[5] Burns, Edward McNall. *"História da Civilização Oriental"*. 3ª Edição. 4ª Reimpressão. Porto Alegre: Globo. 1975.

tremendamente sanguinária. A região foi totalmente saqueada e o povo, quando não exterminado, duramente escravizado, que se tornou, na história subsequente, quase que impossível distinguir-se traços daquilo que teria sido a cultura e as atividades desenvolvidas pelos Assírios.

Com a derrota dos Assírios, os caldeus, associados aos medos e persas, conseguiram firmar seu domínio sobre a área da Baixa Mesopotâmia, constituindo o chamado Império Neobabilônico que durou de 625 a.C. até 539 a.C., quando Ciro, rei da Pérsia, invadiu e conquistou a cidade de Babilônia colocando um ponto final nas chamadas Civilizações Mesopotâmicas.

Apesar de que este período seja de curta duração, teve seu esplendor sob o reinado de Nabucodonosor (605 a 563 a.C.), que transformou a cidade de Babilônia num importante centro cultural e arquitetônico da Antiguidade. Tornou-se a cidade mais conhecida da região mesopotâmica e tida para muitos historiadores, graças aos seus avanços nas áreas culturais, sociais e econômicas, como um dos berços da moderna civilização ocidental.

> *A civilização mesopotâmica entrou em seu estágio final com a destruição da Assíria e o estabelecimento da supremacia caldaica. Esse estágio é comumente chamado de neobabilônico, porque Nabucodonosor e seus seguidores restauraram a capital em Babilônia e tentaram reviver a cultura da época de Hamurabi.* [6] (sic)

Segundo todas as tradições, a construção dos famosos "Jardins Suspensos da Babilônia", considerados como uma das Sete Maravilhas do Mundo Antigo, é devida a ele. A construção, segundo os relatos escritos, pois não existem vestígios de sua formação, foi constituída por seis terraços em forma de andares e sustentados por

---

[6] Burns, Edward McNall. "*História da Civilização Oriental*". 3ª Edição. 4ª Reimpressão. Porto Alegre: Globo. 1975.

grandes colunas, contendo, em cada um deles, um jardim com as mais variadas espécies de plantas.

Além disso, conseguiu expandir o Império. Durante seu governo, pelo menos trinta anos foram destinados à expansão imperial, conquistando, além da Assíria, também a Fenícia, parte da Arábia, a Palestina chegando até as margens do Mar Mediterrâneo e Egito.

Conquistou também a cidade de Jerusalém. Os judeus, dominados, foram levados como prisioneiros para Babilônia, naquilo que se constituiu no famoso "Cativeiro da Babilônia" conforme é comentado na Bíblia. Este cativeiro durou até a conquista pelos persas quando Ciro os libertou.

Os povos mesopotâmicos deixaram algumas marcas profundas no desenvolvimento da Civilização Ocidental. Assim, podemos notar que toda a evolução dos conceitos matemáticos modernos teve lá o seu início. Todos os princípios que utilizamos hoje, com base no sistema sexagesimal, são provenientes da Mesopotâmia. Doze meses, dias divididos em 24 horas, horas em sessenta minutos, nossos relógios que marcam o tempo contando doze horas duplas, os princípios dos arcos e ângulos, com uma circunferência possuindo um arco total de 360º.

Sua semana era dividida em sete dias e tinham um bom conhecimento de astronomia. As superstições de que os plantios devam ser sempre feitos de acordo com as fases da lua e a crença nos horóscopos é devida a eles. Sua influência passou-se primeiramente à Pérsia, chegando posteriormente à Fenícia, ao Egito, chegando a atingir os Gregos.

Para muitos autores os principais herdeiros das tradições mesopotâmicas foram os Hebreus. As tradições bíblicas apontam que o Patriarca Abraão viveu muito tempo na cidade de Ur na Caldeia e, além disto, tivemos um período de quarenta e sete anos em que os hebreus estiveram cativos na Babilônia.

Foi possivelmente desse modo que os hebreus se apoderaram

> *das lendas da Criação e do Dilúvio e dum sistema de direito que tinham sua origem última na civilização mesopotâmica. Uma influência maior foi exercida durante o período do Cativeiro, de 586 a 539 a.C..* [7] (sic)

Com isto acreditamos haver demonstrado que todas as histórias colocando as origens da nossa Maçonaria junto às Antigas Civilizações, tanto as mesopotâmicas como as egípcias, não passam de simples balelas ou invencionices.

[7] Burns, Edward McNall. "*História da Civilização Oriental*". 3ª Edição. 4ª Reimpressão. Porto Alegre: Globo.1975.

4° CAPÍTULO

CEDRO-DO-LÍBANO

Antes de começarmos a falar daquilo que, em Maçonaria, convencionou-se ser o "Cedro-do-Líbano" devemos apresentar uma imagem da frondosa árvore com toda a sua magnificência.

Cedro-do-Líbano – Castelo de Amboise – França

O Cedro-do-Líbano é uma árvore da família das Pináceas, uma das subdivisões das Coníferas, cujo nome científico é *Cedrus libani*, normalmente encontrada nas regiões rochosas do

Mediterrâneo, no Norte da África e no Oriente Próximo, especialmente no Líbano, Chipre, Turquia e Síria, podendo ser algumas variedades encontradas na Argélia, no Marrocos e em outras áreas, ainda no Norte Africano.

Existem algumas variedades da espécie que, em geral, são encontradas em regiões montanhosas de grandes altitudes, em conjunto com outras árvores como pinheiros, abetos, carvalhos, plátanos e zimbros, formando uma espécie de floresta semiaberta.

Árvore ornamental de grande porte, com folhagem abundante que em sua fase inicial de vida apresenta a copa em forma de um cone, mas na medida em que se torna adulta vai apresentando diversas ramificações, formando andares distintos.

As folhas apresentam uma coloração verde-escura e, como todas as plantas da espécie, apresentam uma forma quadrangular, medindo 5 a 30 mm de comprimento e terminando sempre sob a forma de ponta de agulha.

Suas flores são unissexuais e depois que a espécie chega a uma idade variando entre vinte e quarenta anos começa a produzir frutos conhecidos como pinhas ou estróbilos. O estróbilo é uma formação grande, dura, composta de brácteas ou escamas inseridas em torno de um eixo grosso. Como todas as Coníferas, é uma árvore resinosa, fornecendo madeira clara e aromática.

A família das Coníferas abrange, em sua maioria, árvores bastante grandes, podendo também aparecer algumas formas arbustivas. São típicas das regiões temperadas do Planeta e são capazes de sobreviver por mais de 3.000 anos, como as sequoias, na Califórnia.

Na América do Sul encontramos uma única representante nativa das Coníferas, porém não sendo da mesma família do Cedro-do-Líbano. Trata-se da Araucária ou Pinheiro-do-Paraná *(Araucária angustifólia)* que existe quase que em sua totalidade na região Sul do Brasil. Todos os Pinheiros e Cedros existentes no Continente são árvores importadas e adaptadas aos nossos climas e solos.

Sua denominação foi retirada das áreas montanhosas do Líbano, onde aparece formando florestas, praticamente puras, em altitudes que variam entre 1.000 e 2.000 metros.

A Bandeira do Líbano mostra, estilizado, um Cedro-do-Líbano no seu centro.

Nas diversas civilizações da Antiguidade, sua madeira foi utilizada de diversas formas.

Os Fenícios utilizaram-na para construir embarcações, enquanto que os Egípcios usavam suas resinas nos processos de mumificação. Entre os Judeus, a sua queima era feita em cerimônias religiosas.

A madeira ganhou fama, e reis, das mais diversas regiões, procuraram utilizá-la, como teriam sido os casos de Assírios, Babilônios, Gregos e Romanos. Suas mais famosas utilizações, conforme nos mostra a Bíblia, foram na construção do Templo de Salomão e nos palácios de Davi e Salomão. A Bíblia menciona a árvore setenta e cinco vezes.

Segundo as tradições bíblicas especialmente contidas nos Livros de Crônicas, Davi gostaria de construir um magnífico Templo destinado ao Senhor.

Deus, porém, o proibiu da realização de seus intentos, tendo em vista sua participação em diversas guerras com grande mortandade e pela sua vida amorosa extraconjugal.

Ele começou, então, a reunir os materiais que seriam necessários, deixando o encargo para seu filho Salomão.

Segundo as tradições bíblicas, foram três construções feitas no Monte Moriá, em Jerusalém, e que teriam correspondido ao "Templo de Salomão". O verdadeiro Templo que Salomão teria construído, aparentemente fora iniciado cerca de 980 a.C. e sua inauguração ocorreria 20 anos depois. Esse primeiro Templo foi destruído pelo rei Nabucodonosor, da Babilônia, no ano 586 a.C.. Este monarca teria arrasado totalmente o templo, nada mais restando dele. É dessa data o início do chamado "Cativeiro da Babilônia".

Depois da libertação, os Judeus, sob a condução de Zorobabel, construíram, no mesmo local, o Segundo Templo, que foi, posteriormente, destruído por Herodes, que teria, ainda neste local, edificado o Terceiro Templo, totalmente arrasado pelas legiões romanas em 70 d.C.. Para alguns, este é chamado também de Segundo Templo, pois Herodes teria reformado simplesmente o de Zorobabel. Ainda, acompanhando as tradições bíblicas, este foi o local visitado por Jesus.

Por outro lado, torna-se muito difícil imaginarmos a grandiosidade e a riqueza do "Templo de Salomão", pois considerando as descrições bíblicas e o tamanho máximo que teria um côvado, podemos concluir que ele era relativamente modesto.

Ora, se um côvado possuía apenas 66 centímetros, podemos notar pela descrição contida em Reis, que as dimensões do Templo não tinham aquela grandiosidade toda. Sessenta côvados de comprimento, por vinte de largura e trinta de altura, nos dariam, exatamente, as seguintes medidas: comprimento – 39,6 m; largura – 13,2 m e altura – 19,8 m, convenhamos que a área total de 522,72 m² é bastante inferior, por exemplo, à de um campo de futebol atualmente (aproximadamente: 6.000 m²). Aliás, não corresponderia nem a um décimo da área.

A maior parte do trabalho para a edificação do Templo foi feita por trabalhadores estrangeiros e correspondeu a Hiram um importante papel. Acompanhando a Bíblia vamos ler em 2 Crônicas 2 – Versículos 7 a 11:

7 – Manda-me, pois, agora um homem hábil para trabalhar em ouro, em prata, em bronze, em ferro, em púrpura, em carmesim e em azul; e que saiba lavrar ao buril, juntamente com os peritos que estão comigo em Judá e Jerusalém, os quais Davi, meu pai, preparou.

8 – Manda-me também madeiras de cedro, de cipreste, e algumins do Líbano; porque bem sei eu que os teus servos sabem cortar madeira no Líbano; e eis que os meus servos estarão com os teus servos.

9 – E isso para prepararem muita madeira; porque a casa que estou para fazer há de ser grande e maravilhosa.

10 – E eis que a teus servos, os cortadores, que cortarem madeira, darei vinte mil coros de trigo malhado, vinte mil coros de cevada, vinte mil batos de vinho e vinte mil batos de azeite.

11 – E Hirão, Rei do Tiro, respondeu por escrito que enviou a Salomão, dizendo: Porque o SENHOR tem amado seu povo, te constituiu sobre ele rei.

Toda a madeira proveniente tanto do Líbano como da Fenícia teria sido transportada, por via marítima, até o porto de Jafa e dali remetida, por via terrestre, até Jerusalém, distante aproximadamente 70 quilômetros. No interior do Templo, em seu lugar mais interno, ficava o "*Santo dos Santos*", onde estava a "*Arca da Aliança*". Era um lugar sagrado, onde apenas o Sumo Sacerdote tinha acesso e em uma única vez a cada ano, no chamado "*Dia da Expiação*".

Como todas as paredes internas do Templo teriam sido revestidas por madeiras nobres, que foram utilizadas, também, para o revestimento dos pisos, podemos sentir a importância do Cedro-do-Líbano em sua construção. Como a Maçonaria sempre nos lembra de nosso constante trabalho na construção e aperfeiçoamento de um Templo interno, temos que admitir a obrigação de nos utilizarmos, também, de materiais extremamente nobres em sua execução.

Por fim, resta-nos lembrar de que como o famoso Templo (Templo de Herodes) teria sido totalmente arrasado pelos soldados de Tito, tornou-se extremamente difícil tentarmos, atualmente, localizar onde ele teria sido edificado e, ainda mais, imaginarmos suas verdadeiras dimensões, grandiosidade e riqueza. Mesmo o famoso "Muro das Lamentações", considerado por muitos parte da antiga construção, parece carecer de uma verdadeira comprovação histórica.

5° CAPÍTULO

BAPHOMET

INTRODUÇÃO:

Dentro da Maçonaria existe a controversa presença de uma figura que é conhecida como Baphomet ou Bafomete ou ainda Bafomé. O termo é utilizado para indicar uma possível divindade, supostamente adorada pelos Templários e que acabou sendo um dos principais motivos para a extinção da Ordem. O Símbolo foi, posteriormente, incorporado a tradições místicas ocultas, especialmente por Eliphas Levi. *1

Nos difíceis anos da Idade Média, especialmente depois das chamadas "Cruzadas", formou-se um grupo de monges e, também, soldados habilidosos que fundaram, em 1118, a conhecida "*Ordem dos Pobres Cavaleiros de Cristo e do Templo de Salomão*" ou, mais simplesmente, Templários. A organização dos Cavaleiros Templários tornou-se uma das mais ricas e poderosas de toda a Europa.

Os supostos objetivos dos Templários eram de proteger os caminhos e os peregrinos que se encaminhavam para a "*Terra Santa*". Especialmente depois das Cruzadas e da retomada de todas as

*1 Para melhores esclarecimentos sobre Eliphas Levi, vide "*Reflexões Sobre um Rito Escocês (Bem) Antigo e Aceito*" – do mesmo Autor –1ª ed. Londrina: "A TROLHA", 2015.

áreas pelos muçulmanos, estas viagens tornaram-se extremamente perigosas. O Rei Balduíno II acabou por ceder, aparentemente, um estábulo para que os Templários o transformassem em seu Quartel General. Presume-se que este local ficaria ao lado da Mesquita Al-Aqsa, supostamente sobre o local exato onde fora edificado o Templo de Salomão, daí a denominação da Ordem.

No ano de 1129, a Ordem foi reconhecida e passou a ser apoiada oficialmente pela Igreja Católica. Com isso, ganhou um crescimento muito grande no número de seus membros e influência. A época era tumultuada por inúmeros conflitos, e os Templários tornaram-se importantes para a defesa do Catolicismo e de muitos Reinos europeus, especialmente a França.

O fluxo da História nos mostra um crescimento vertiginoso da Ordem que se tornou muito mais rica e poderosa do que os Soberanos da época. Segundo diversas lendas, eles teriam encontrado, nos subterrâneos do Templo de Salomão, inúmeros documentos e objetos que seriam a fonte secreta de seu crescimento e misterioso poder. Aparentemente teriam encontrado e ficado com a tutela do "*Santo Graal*" que, segundo as tradições católicas, teria sido o cálice em que fora recolhido o sangue de Cristo e também utilizado na chamada "*Última Ceia*".

No entanto, este imenso poder e riqueza foi a causa de sua própria ruína. O Rei Felipe IV, dito "O Belo", da França e que era um dos maiores devedores para com a Ordem, associou-se ao Papa Clemente V, homem de fraco caráter e que ele próprio conduzira ao Papado, com a finalidade de desmoralizar e extinguir a Ordem.

Os Cavaleiros Templários passaram a ser acusados de uma série de atos, tais como: realização de cerimônias secretas de Iniciação, caminhar e cuspir sobre a cruz de Cristo, além de práticas homossexuais embasadas no símbolo da Ordem, que era representado por dois Cavaleiros usando o mesmo cavalo.

Considerava-se esta imagem como um Símbolo de pobreza,

assim também, como o manto branco, estampando uma cruz vermelha, que deveria ser usado até a morte do Cavaleiro ou ser totalmente dilacerado pelas armas adversárias ou, ainda, corroído pelo tempo.

As acusações iam mais longe ainda, havia as de enriquecimento ilícito, negação de Cristo, recusa dos Sacramentos, práticas obscenas e sodomia. A Igreja também os acusava de apostasia e idolatria. Adorariam o diabo, geralmente associado à figura de uma caveira e que recebeu o nome de Baphomet. Com o passar do tempo novas imagens foram sendo relacionadas ao nome criando uma extensa Simbologia.

Estas acusações bastaram para que a Igreja, no dia 13 de outubro de 1307 (uma Sexta-Feira), determinasse a prisão de Jacques de Molay, Grão-Mestre dos Templários e de mais de uma centena de outros elementos pertencentes à Ordem. Depois de um longo processo no qual foram submetidos a imensas torturas, chegando, inclusive, a reconhecer suas culpas, alguns acabaram sendo condenados à morte na fogueira. A sentença contra Jaques de Molay, juntamente com dois outros Cavaleiros, foi executada em 12 de setembro de 1314.

QUEM FOI BAPHOMET?:

Dentre as acusações contra os Templários, uma ganhou grande notoriedade. Seria a da adoração de um tipo de ídolo, algo, assim por dizer, extremamente diabólico e utilizado pelos acusados quando da realização de seus Rituais. Embora existisse a acusação, nenhuma imagem foi identificada como sendo especificamente o Baphomet. Assumiria por vezes a forma de um crânio, outras de um gato, outras ainda a cabeça de um bode ou até uma imagem de três faces. O certo é que em todas as buscas realizadas nas propriedades dos Templários nada foi encontrado que, de longe, pudesse se assemelhar com o Baphomet.

Bode inscrito na estrela de cinco pontas

Baphomet – Convento de Cristo em Tomar – Portugal

Baphomet de Eliphas Levi

Nenhuma das formas da pretensa figura de Baphomet é mais difícil de aceitação e interpretação do que a devida ao Ocultista Eliphas Levi. Considerada pela Igreja Católica como a imagem do Demônio, teria a cabeça e pés de um Bode, asas de anjo e um corpo andrógino cuja interpretação vamos tentar ver mais adiante.

Graças à pretensa associação da Maçonaria com os Templários e a esta imagem Ocultista vista na página anterior, ocorreu uma associação notável da figura do *"Bode"* com a Maçonaria. Iremos procurar dar nosso entendimento a esta associação que, a princípio, julgamos que nada tem a ver.

Comecemos pela noção do chamado Bode Expiatório. Primeiro a definição de bode expiatório contida no Dicionário Michaelis:

> *a) o bode que, na festa das expiações, os judeus expulsavam para o deserto, depois de o terem carregado com as maldições que queriam desviar de cima do povo;*
>
> *b) pessoa sobre quem se faz recair a culpa dos outros ou a quem se imputam todos os reveses e desgraças.*

Ainda no mesmo Dicionário encontramos uma definição para Bode Preto:

> *a) o diabo;*
>
> ***b) apelido dado aos Maçons.*** (Grifo do Autor)

Está aí feita a associação da Maçonaria com o *"Bode"*. Não raras vezes somos chamados de bode ou bode preto que, de tão comum se tornou o fato, ele não mais nos incomoda e chegamos, nós mesmos, a nos tratarmos por bodes.

Como sabemos, nossa Maçonaria está impregnada por fatos bíblicos, principalmente de origem hebraica, e vamos encontrar no Livro do Levítico uma cerimônia tradicional realizada no Dia da Expiação *(Yon Kippur)*.

Segundo as tradições, o cerimonial contava com dois bodes e um touro. Um dos bodes, juntamente com o touro, era oferecido em holocausto no Templo de Jerusalém, enquanto que o outro se tornava o Bode Expiatório. O sacerdote segurava a cabeça do bode em suas mãos e confessava-lhe, ao ouvido, todos os pecados do povo de Israel. Este bode era, então, levado para o deserto e ali abandonado, carregando consigo todos os pecados que lhe foram confessados, até o momento em que seria reclamado por um Anjo Decaído. Podemos entender aqui, nas tradições cristãs, a passagem de Cristo, perambulando pelo deserto e sendo tentado pelo Diabo.

O BODE NA MAÇONARIA:

Como vimos mais acima, nós mesmos adotamos o *"Bode"* como um dos nossos Símbolos. De uns tempos a esta parte, vemos a proliferação da imagem de um bode sendo estilizada nas mais diversas formas de caricaturas e colocada em bonés, chaveiros, adesivos e até pequenas imagens. A figura se arraigou de tal forma que pouca gente, no mundo profano, acredita que não exista um bode dentro da Maçonaria ou ainda que não exista uma cerimônia ritualística em que um bode seja sacrificado.

Na verdade, nós não iremos tentar achar a origem do bode na Maçonaria. Existe um emaranhado de lendas que se torna impossível acreditarmos em uma só delas. Diversos autores já deram a sua ideia a respeito e vamos expor algumas delas para que os leitores possam tirar alguma conclusão.

Raul Silva nos diz que na época em que os Maçons eram caçados na Europa, tornou-se tradicional um dos Irmãos passear pela cidade, levando consigo, amarrado, um bode. Este seria o sinal de que a reunião iria acontecer em sua casa, não havendo, assim, oportunidade para que pudessem ser de, alguma forma, molestados. Ora, nada mais absurdo do que isto! Quando da realização de uma Sessão, já seriam marcados o local e a data da próxima. Diante do Segredo Maçônico, não haveria a menor possibilidade da descoberta deste novo local e data.

Outro relato, agora devido ao renomado autor Nicola Aslan, nos informa que a presença do bode entre nós chegou graças à associação da Maçonaria com os Templários, e sendo Baphomet um Símbolo Templário, ele teria passado, automaticamente, para a Maçonaria.

Torna-se difícil acreditarmos nesta versão, mesmo porque a figura de Baphomet se tornou bastante conhecida depois da época das prisões e torturas dos Templários. A figura, que teria um aspecto demoníaco, serviu, muito bem, aos interesses da Igreja Católica para poder extinguir a Ordem.

A grande divulgação do Símbolo foi feita por Léo Taxil, um escritor sensacionalista, tido como Iniciado na Maçonaria, que mostrou em seus livros as imagens do que seria o Baphomet, dentro da Maçonaria (**Cópias do Baphomet de Eliphas Levi**). (Grifo do Autor).

Publicou uma série de absurdos, tais como a existência de cerimônias iniciáticas presididas por Baphomet, que teria a figura de um grande bode preto e que estaria sentado em um trono. Apesar do desmentido feito pelo próprio Taxil, os relatos ficaram para a posteridade e criaram muitos problemas dentro da Ordem. Ainda hoje existem Maçons que acreditam que a origem do "*Bode*" possa estar ligada aos Templários e a Baphomet.

As ligações entre os Templários e a Maçonaria, se é que realmente existiram, seriam muito tênues para que possamos absorver a ideia de um símbolo como o Baphomet, que jamais foi encontrado entre os Templários e do fato de não existir nenhuma prova concreta de que houvesse um ídolo semelhante para adoração. Apesar disto, ainda existem pessoas que acreditam nesta lenda.

Nosso falecido Irm∴ José Castellani, o mais renomado Autor dentro da Maçonaria brasileira, nos dá a sua versão para a presença do "*Bode*" em nossa Ordem. Diz ele que essa denominação vem da época em que os Maçons eram muito torturados e sempre negavam suas confissões ou entregar algum outro Irmão. Então eles eram ditos: "*são como bodes*".

Qual seria a razão para esta comparação? A ideia teria surgido a partir do "*Bode Expiatório*" dos Hebreus que levaria consigo, para o deserto e para sempre, todos os pecados do povo que lhe haviam sido confidenciados. Esta tradição teria sido assumida pelo Catolicismo, quando do ato da Confissão. Nela, o Confessor está impedido, por seus votos, de divulgar tudo quanto tenha ouvido e tomado conhecimento. Na verdade, trata-se de mais uma origem lendária, sem a menor comprovação.

BAPHOMET – ORIGEM DA PALAVRA:

Existem diversas versões quanto à etimologia da palavra Baphomet, porém não podemos afirmar que qualquer uma delas esteja próxima da Verdade, já que não existe consenso entre os autores quanto a sua origem. Vejamos algumas das indicações que nos são oferecidas, dentro de muitas outras mais.

A primeira indicação que temos é a de que ela seria proveniente da união de dois vocábulos gregos, "*Baphe*" e "*Metis*" (Baphomet) que significaria *"Batismo de Sabedoria"*. Esta ideia é sugerida porque haveria ritos de admissão na Ordem dos Templários e todos os Indiciados receberiam o tal de Batismo de Sabedoria.

Acredito que esta explicação tende muito a forçar uma origem que nem de longe pode ser a verdadeira, diante de tudo o que é conhecido sobre os Mistérios Templários.

Outra explicação nos leva à utilização da cifra de decodificação utilizada pelos cabalistas judeus e que vem sendo empregada, também, para a decifração dos chamados *"Manuscritos do Mar Morto"* e que nos levaria à *"Sophia"*, palavra grega que significa sabedoria.

Uma nova ideia nos diz que seria composta pelos nomes de três divindades da Antiguidade. *"Baph"* seria ligada ao deus Baal dos antigos Fenícios e Cartagineses. *"Pho"* nos levaria ao deus Moloch, uma divindade dos povos que habitavam a Península Arábica e representada por uma figura humana com a cabeça de um boi, contendo um par de chifres, muitas vezes entendida como uma representação do Demônio e, por fim, "*Met*", que seria associado ao Deus egípcio Set. A presença dos chifres seria uma mera coincidência para com a figura do Baphomet?

Dentre outras teorias existentes, a mais simples nos diz que o nome é tão somente uma corruptela de "*Muhammad*", conhecido, entre nós, como Maomé, líder religioso e político árabe criador do Islamismo, sendo considerado seu maior e último Profeta. Apesar da simplicidade, ela nos parece a mais conveniente porque com ela não temos que fazer sérios exercícios mentais em busca de uma explicação.

Quanto à Simbologia de Baphomet podemos afirmar que a maioria dos significados nos é dada pela interpretação da imagem de Baphomet devida a Eliphas Levi. Antes de passarmos à simbologia, vamos tentar uma rápida tentativa de explicar a origem do Símbolo.

O desenho apresentado por Eliphas Levi parece haver sido calcado em imagens muito anteriores. Nas religiões antigas e também nas mitologias, poderemos encontrar diversas imagens, em geral possuidoras de chifres bastante semelhantes ao Baphomet.

Cernunnos – Celta – Considerado símbolo da fertilidade e natureza

Pan – Grego – Meio homem – Meio Carneiro – Símbolo da virilidade

Para não irmos muito longe, a divindade Celta Cernunnos, o Deus Pan dos gregos e o próprio Diabo das religiões cristãs são sempre representados como possuindo chifres.

Note-se que nas duas representações na página anterior um tema fica bastante claro: ambas enfatizam a reprodução. Fertilidade e virilidade mostram exatamente esta conexão. A semelhança entre Cernunnos e o Baphomet de Eliphas Levi é notável. Em Pan, podemos notar dois pequenos chifres e os pés de bode. Quanto à imagem do diabo, ligada ao Cristianismo, a figura é sobejamente conhecida, sempre apresentando pequenos chifres, pés e rabo de bode. Ainda na Antiguidade, dentro da religião Egípcia havia uma deusa, Hátor, considerada como a protetora das mulheres e que era representada por uma figura feminina, possuindo a cabeça de uma vaca. Lembramos que o boi e a vaca eram considerados animais sagrados no Antigo Egito.

SIMBOLOGIA:

Segundo a interpretação dada à figura de Baphomet, gravura que está contida no livro "*Dogma e Ritual da Alta Magia*", o próprio Eliphas Levi classifica a figura como panteística e mágica do absoluto. O que ele pretendeu dizer com isto fica difícil de entender...

Ainda na imagem, a grande maioria dos estudiosos, apoiando-se no próprio autor, entende que:

1 – O facho que aparece sobre a cabeça representaria a inteligência.

2 – A cabeça seria a de um bode, apresentando um hibridismo com um touro, especialmente no nariz. Para alguns apresentaria também características de um cão e de um burro. Simbolicamente representaria a matéria e a expiação dos pecados.

3 – As mãos são humanas e representam a santidade do trabalho. O fato de uma estar apontando para cima e a outra para baixo, para alguns, é um sinal iniciático ligado a Hermes Trismegisto:

"*O que está em cima é igual ao que está embaixo*". Para outros, poderia representar o espírito divino que ligou o Céu à Terra.

4 – A presença de dois crescentes lunares, um em branco e o outro em preto, apontados pelas mãos, poderia indicar a dualidade entre o Bem e o Mal.

5 – A figura de Baphomet sendo aparentemente andrógina, pois apresenta seios, poderia trazer a ideia da maternidade e procriação, e representaria o crescimento da Humanidade. Em outras palavras, seria um novo símbolo da fertilidade.

6 – A dualidade andrógina pode ser notada na presença de um caduceu (hoje símbolo da Medicina), exatamente na posição de um pênis ereto. Podemos notar, ainda, que o caduceu, aparentemente, está envolto por uma espécie de arco que poderia ser entendido como arremedo de uma vagina.

7 – Abaixo do facho vamos encontrar uma estrela de cinco pontas. Trata-se de um símbolo relacionado com a magia. Quando representada com uma das pontas para cima simbolizaria o Bem ou o Homem; quando mostrada com duas pontas para cima seria um ícone do Mal. A forma com a cabeça de um bode inscrita seria o símbolo da maldade absoluta. Para muitos, a colocação desta estrela bem no meio da testa representaria, também, a inteligência.

Baphomet está representado sentado sobre um cubo tendo os pés apoiados sobre uma bola.

Outros entendimentos são possíveis. Os antigos alquímicos entendiam que nele estariam representados os quatro elementos: o Fogo (tocha), a Água (escamas pelo corpo), o Ar (asas) e a Terra (pés de bode apoiados sobre a bola).

O Cubo, entendido como a Matéria, com Baphomet sentado em cima poderia representar o domínio total sobre a matéria. A estrela de cinco pontas na testa e com um dos vértices para cima representaria o homem perfeito.

Por fim, entre os Ocultistas, podemos encontrar uma série de outras interpretações relacionadas a Baphomet que, visto deste modo como vimos aqui, pouco ou nada tem a ver com a Maçonaria. A partir disto podemos entender que a figura do *"Bode"* dentro de nossa Ordem não passa de uma simples brincadeira. Espero que com este estudo possa ter contribuído para um melhor entendimento sobre esta figura, um tanto esquecida pelos nossos autores.

6° CAPÍTULO

O SÍMBOLO PERDIDO

Hoje estou abrindo uma janela, dentro de minha perspectiva histórica, para o tratamento dos fatos e coisas ligadas à Maçonaria. Vamos apresentar algumas ideias relativas à nossa Simbologia. Apesar de que a denominação dada a este Capítulo possa parecer uma imitação do título de um livro do famoso autor Dan Brown, posso afirmar que nada tem a ver uma coisa com a outra.

Em minhas andanças, tenho encontrado inúmeras Lojas que possuem o hábito da queima do incenso durante suas Sessões. Os motivos para este ato são os mais variados possíveis. Vão desde os benefícios trazidos para a *"Egrégora"* até a melhoria do ambiente do Templo com a aromatização do ar!

Apesar de que o termo Egrégora seja de uso difundido dentro da Maçonaria e de agrado de muitos autores, nós não gostamos de utilizá-lo, pois seu sentido é de difícil interpretação, variando muito, de acordo com as filosofias daqueles que o empregam. Nós entendemos que seu sentido geral poderia ser traduzido por uma *"Emanação Energética"*, que, assim mesmo, manteria um sentido duvidoso!

Voltando à queima do Incenso, podemos notar que ela é feita, geralmente, em um pedestal colocado ao Oriente do Templo, onde está localizado um recipiente específico para a ação. Esta vasilha, usualmente, tem a forma de um pote.

O que seria este objeto ou qual seria sua aparência genérica? Segundo o Dicionário Novo Aurélio, em uma de suas definições, pote seria:

um recipiente de louça, vidro, etc., de largo bocal.

Poderia ser, em virtude do etc., de qualquer outro material, inclusive de ferro ou bronze. Desta forma poderíamos associá-lo a um caldeirão que seria, ainda segundo o Aurélio:

uma espécie de panela grande, dotada de alças.

O caldeirão seria, em seu sentido material, uma espécie de vasilha, de grandes proporções, geralmente de forma cilíndrica ou esferoide, bastante bojuda, de boca larga, contendo duas alças, podendo ou não possuir uma tampa, de fundo chato, tendo, eventualmente, três pés, utilizado comumente para o cozimento de grandes quantidades de alimentos em uma fogueira. A palavra é proveniente do Latim *Caldarium* que possuía o significado de banho quente. A imagem acima nos remete, imediatamente, para um novo sentido do termo Caldeirão. Agora temos uma figura simbólica associada a Bruxas, Magos, Mágicas, Duendes e outras figuras mitológicas.

Sua utilização prática, dentro da Feitiçaria, seria no preparo das poções mágicas e filtros, através do cozimento de ervas, minerais, liquidos, entre outras coisas mais. Devemos entender o termo filtro, aqui utilizado, como está contido no Aurélio:

Filtro[2]: Beberagem que se acreditava fazer despertar o amor ou produzir outros efeitos mágicos na pessoa a quem era propinada.

A Simbologia ligada aos Caldeirões é bastante variada

podendo, inicialmente, ser relacionada à Vida. Devemos considerar que sua função, destinada à preparação dos alimentos, nos remete a este Símbolo. Na realidade os Seres Humanos não podem sobreviver sem a existência de alimentos que mantenham seus corpos físicos e lhes deem subsídios para as suas atividades espirituais.

Ainda neste sentido, muitos autores veem nele o Princípio Feminino ligado ao nascimento e à Deusa-Mãe, razão primeira da existência da Vida. Seus três pés geralmente são associados às formas da evolução da vida de uma Mulher: Moça, Mãe e Anciã.

Existe, ainda, em várias culturas europeias, especialmente as de origem Celta, a associação com taças ou pequenos caldeirões que, infinitamente, geravam alimentos e bebidas. Estas ligações estariam na base da criação da Lenda do Santo Graal ou da *"Taça Sagrada"*. **Notar, aqui, o verbo gerar!** (Grifo do Autor)

Outra aproximação que naturalmente pode ser feita, é aquela de que um pote não passa de uma miniatura de caldeirão e, portanto, temos, no ato da queima do incenso, a presença dos caldeirões dentro de nossos Templos!

Uma associação traçada, entre os *"Potes de Ouro"* existentes nos finais dos arco-íris ou das lendas relativas ao Santo Graal como vista acima, com as Cornucópias, torna-se evidente e imediata!

Desde a mais remota Antiguidade a figura da Cornucópia vem sendo associada a um Símbolo de fertilidade, riqueza e abundância. Em épocas mais recentes vem sendo entendida como o símbolo da agricultura e do comércio. Desta forma, podemos sentir a presença deste Símbolo, representado no ato da queima do Incenso, em nossas Sessões.

A palavra vem do

Latim *cornu,* significando chifre, e *copiae,* que teria o significado de riqueza ou abundância. Dentro da mitologia grega era representada por um vaso, em forma de chifre, de boca para baixo, com uma enorme quantidade de frutos se espalhando a partir dele.

Na verdade, o Símbolo representado pela Cornucópia, talvez pelas dificuldades de entendimento, caiu em desuso atualmente, mas isto não diminui a sua beleza e significado.

Ao longo do tempo os Caldeirões foram associados a figuras mágicas, como aconteceu na Mitologia Grega, às três principais Magas ou Bruxas: Hécate, Circe e Medeia. Dentro das sagas ligadas ao Rei Arthur, aos Cavaleiros da Távola Redonda e ao Santo Graal, nós destacamos Merlin e Morgana, e nas tradições folclóricas europeias podemos reconhecer os Leprechauns e os Duendes.

Para termos também um pouco de amenidade dentro deste texto e para fazermos algumas ligações mitológicas, vamos traçar algumas coisas sobre as figuras acima nominadas.

Hécate, dentro da Mitologia Grega, é uma deusa que teria se originado a partir de antigos mitos asiáticos. Acreditava-se que, em noites de lua nova, ela apareceria para viajantes incautos, à frente de uma enorme matilha de cães fantasmas, aterrorizando-os. Era considerada uma deusa da noite e da magia, com todas as suas conotações mais temíveis e obscuras. Graças a estas atividades, os magos e bruxas da Grécia Antiga prestavam-lhe um culto e adoração, oferecendo-lhe, em uma espécie de holocausto, cães e carneiros. Geralmente era representada com tochas nas mãos, serpentes enroladas ao pescoço e uma tiara encimada pela forma da Lua em Crescente. É considerada, por muitos, a mãe da feiticeira Circe.

Nota do Autor: Lembramos que a forma da Lua em Crescente é um símbolo presente em todos os tetos dos Templos dentro do Rito Escocês Antigo e Aceito.

A segunda Bruxa ou Maga na sequência é Circe, tida como filha de Hécate, notável por sua capacidade de utilizar poções e filtros mágicos que transformariam homens em dóceis animais. Outros entendem que seria filha de Hélios (o Sol) e da deusa Perseia.

Vivia em uma ilha, em um luxuoso palácio, cercado e guardado por leões e lobos que só a ela atendiam. Suas poções, feitas com base em ervas, mel e outras substâncias mágicas, cozidas em seu caldeirão e mais sua varinha de condão lhe davam todo o seu poder. Foi cantada em prosa e verso por poetas como Homero, Ovídio e Plutarco.

Para outros, Circe viveria em alguma montanha da Europa, em um palácio protegido por leões e armadilhas mágicas. Seria uma figura lindíssima e extremamente sedutora, ora descrita com lindos cabelos castanhos, presos em uma grandiosa trança, ou de cabelos marcados por um tom louro avermelhado, que lhe caíam em formato de belíssimos cachos.

Circe tem sua história ligada ao retorno de Ulisses (Odisseu), depois da Guerra de Troia, quando sua embarcação encalhou em terras de Circe (Ilha de Eana), e a tripulação acabou sendo transformada em porcos devido às artimanhas de Circe e sua varinha mágica.

Ulisses, graças à proteção do deus Hermes, conseguiu escapar à magia e, ainda mais, pelo seu porte físico, encantou a Feiticeira, conseguindo reverter a transformação de seus companheiros e vivendo com ela um intenso romance de amores e aventuras.

Teria sido o broto de uma planta conhecida por Moly, que o deus Hermes dera a Ulisses, que o salvou dos poderes de Circe. Moly era uma erva mágica, conhecida desde a Antiguidade pela sua possível propriedade medicinal. Passou a ser considerada como um antídoto eficaz contra magas e bruxas, quando colhida por mãos divinas.

A terceira, e talvez a maior de todas as feiticeiras gregas, teria sido Medeia. Em termos mitológicos aparece como sendo filha do Rei da Cólquida (hoje a Geórgia), Eetes, com Eidiya, sendo sobrinha de Circe de quem haveria herdado os poderes de magia e feitiçaria. Em outras lendas aparece como filha de Circe com o deus Hermes ou então como filha de Hécate, sendo, portanto, irmã de Circe.

O mito de Medeia está associado ao Ciclo dos Argonautas,

cujas principais narrativas são devidas a Apolônio de Rodes (século III a.C.), havendo sido ela, por algum tempo, esposa de Jasão. Trata-se de uma personagem extremamente fascinante em virtude de sentimentos contraditórios e ações realizadas com resquícios da maior crueldade.

Se nós formos tratar de todas as peripécias mitológicas que cercaram a vida de Medeia, levaremos uma vida inteira e não conseguiremos um relato fiel e completo.

As narrativas parecem começar com a chegada de Jasão, no comando da nave Argos, a Cólquida em busca do "*Velocino de Ouro*". Velocino nada mais é do que uma pele de carneiro devidamente curtida, mantendo sua lã que aqui, no caso, seria de ouro. Apesar das inúmeras dificuldades impostas por Eetes, Jasão conseguiu conquistá-lo.

Isto aconteceu graças à intervenção de Afrodite que fez Medeia apaixonar-se por Jasão e o ajudar na realização das difíceis tarefas que lhe foram exigidas por Eetes, como condição para lhe permitir tentar a obtenção do Velocino. Em troca da ajuda, Jasão se casaria com a Feiticeira. Só para lembrarmos, a pele era guardada por um dragão que foi adormecido graças aos poderes de Medeia.

A ajuda de Medeia causou imensa fúria em seu pai que ela e Jasão, com o "*Velocino de Ouro*", foram obrigados a fugir da Cólquida, na Argos, sendo ferozmente perseguidos. Na fuga, Medeia matou e esquartejou seu irmão Apsirto que ela levara consigo. Os restos mortais foram sendo esparramados ao longo do caminho, atrasando a perseguição e permitindo-lhes atingir a Tessália.

Existem duas passagens, consideradas muito importantes e que conseguem representar com clareza o caráter que acabou por ser atribuído a Medeia. A primeira está ligada à morte do Rei Pélias e a segunda é conhecida como o Infanticídio.

> *A brevidade do tempo nos leva a concluir que a tragédia Medeia representada por Eurípides no V século a.C. deixa transparecer ter produzido um acentuado impacto entre os gregos, romanos*

e na pós-modernidade, ao delinear o perfil de uma mulher forte, decidida que, movida pela paixão, infringe a lei e espalha a morte e a vingança a todos os seus inimigos e adversários. [1] *(sic)*

Segundo a Mitologia Grega, Medeia, após o assassinato de seu irmão, necessitava executar um novo ritual de sangue como ato de purificação. Seria necessária uma nova morte. A escolha recaiu sobre o Rei Pélias, da cidade de Iolcos e que estava ocupando um trono outrora pertencente ao pai de seu amado Jasão. A escolha, além da necessidade da purificação, teve, claramente, uma finalidade política.

Nota do Autor: Iolcos é uma pequena cidade, ainda existente e que está localizada na Tessália, região Nordeste da Grécia.

Para atingir seus objetivos, Medeia acerca-se do palácio de Pélias e, em sua presença e das filhas, faz uma demonstração de seus poderes: em um caldeirão contendo água, coloca ervas e outros produtos mágicos e esquartejando um velho carneiro, coloca-o dentro da infusão fervente. Depois de algumas preces e palavras mágicas, faz com que surja, de dentro do caldeirão, um cordeiro totalmente rejuvenescido.

O velho Rei, encantado e convencido com a possibilidade de seu rejuvenescimento, ordena a suas filhas que sigam as orientações da Feiticeira. Estas, seguindo as instruções do pai, recortaram todo o seu corpo e o colocaram dentro do caldeirão com a água em fervura. Claro é que o efeito desejado não foi obtido e só serviu para apressar a morte de Pélias, fato que obrigou a Jasão e Medeia fugirem para Corinto.

O segundo episódio, narrado como Infanticídio, ocorre depois da chegada a Corinto. Jasão, depois de dez anos, abandona Medeia para casar-se com Glauce, filha do Rei Creonte de Corinto.

Este fato coloca Medeia em uma situação difícil, abandonada pelo marido, exilada em terras estrangeiras e, ainda mais, com dois filhos. A Feiticeira, em situação adversa, finge aceitar a nova situação, inclusive a sua deportação de Corinto.

Durante os preparativos para a viagem, traçou seus planos de vingança. Enviou, para Glauce, como presente de casamento, um lindo vestido, acompanhado de um conjunto de joias, previamente envenenados. A Princesa, ao colocar o vestido e as joias, teve seu corpo tomado por chamas e seu pai, ao tentar socorrê-la, também foi atingido pelo fogo, morrendo os dois juntos.

Para vingar-se de Jasão, Medeia utilizou-se de uma crueldade extrema, assassinando, a golpes de punhal, seus dois filhos e extinguindo, assim, a descendência de Jasão.

A melhor fonte para entendermos toda esta mitologia está contida na tragédia de Eurípides, denominada Medeia e encenada pela primeira vez no ano de 431 a.C.. Esta tragédia já foi retomada, encenada, transformada em filmes no decorrer dos tempos, sendo ainda muito atual por envolver aspectos sociais ligados ao relacionamento entre os homens e as mulheres. Mostra muito bem o poder do homem e submissão da mulher, existentes na Antiguidade, e como poderiam evoluir através dos tempos.

> *Podemos afirmar que a sua narrativa mítica foi marcante e singular pelo fato de ter permanecido na Antiguidade, ultrapassado o tempo e chegando aos dias atuais, pois ainda hoje é representada nos teatro da pós-modernidade.* [2] (sic)

No ciclo Arturiano destacam-se o mago Merlin e a Fada Morgana (ou Feiticeira?).

Merlin teria sido uma figura mística, associada à magia, aos caldeirões e à varinha de condão. Em nossas histórias, sempre foi representado como uma figura humana, de grande barba branca, vestindo uma longa túnica azul, toda salpicada de estrelas prateadas e tendo, sobre a cabeça, um chapéu sem abas e com uma ponta voltada para cima (Seria uma espécie de cone!).

Na verdade, Merlin teria sido um Sumo Sacerdote da religião primitiva existente na Bretanha Inglesa. Lembrar aqui que Arthur foi Rei dos Bretões, depois da expulsão dos Saxões. Para alguns autores, Merlin era ligado à religião Celta, sendo, portanto, um Druida. O Mago é figura importante nos mitos que envolvem a Távola Redonda.

Morgana é conhecida, na Grã-Bretanha, como Morgana das Fadas, entre outras denominações. Seu nome é de origem Celta, significando "*mulher que veio do mar*". Está bastante relacionada ao Ciclo Arturiano de Cavalaria, sendo considerada filha de Igraine e Gorlois, sendo meia-irmã do Rei Arthur.

Segundo as lendas, foi treinada por sua tia Viviane para ser a sacerdotisa da Ilha de Avalon. Ficou conhecida como a Dama do Lago. Algumas lendas Arturianas nos contam que Arthur, depois de ferido em combate, foi levado para a Dama do Lago, na mística Ilha onde permaneceu isolado do Mundo e vivo para sempre.

Como Fada, Morgana possuía uma Varinha Mágica e utilizava-se de uma série de materiais, logicamente cozidos em um caldeirão, para a confecção de seus misteriosos filtros.

O livro de Marion Zimmer Bradley, "*As Brumas de Avalon*", retoma a figura de Morgana como uma das mais importantes dentro das lendas Arturianas, apesar de que sua narrativa pouco ou nada tenha a ver com a possível realidade ligada ao Rei Arthur.

Por fim, um dedo de prosa sobre Leprechauns e Duendes.

Os Leprechauns são figuras mitológicas relacionadas à cultura Irlandesa (Celta), representada por um diminuto homenzinho vestido de verde, usando um chapéu e sapatos de couro com fivela prateada, estando sempre a trabalhar em meio aos arbustos, podendo ser, também, chamados de Gnomos.

Para muitos são considerados como guardiões de tesouros escondidos e para se encontrar uma destas riquezas é necessário capturar-se um Leprechaun. Sendo ele muito astuto é capaz de desaparecer num piscar de olhos, e para obtermos sua total cooperação é necessário que o vejamos antes que ele nos veja.

Desta forma, poderá até nos levar ao seu tesouro escondido, representado geralmente por um "*Pote de Ouro*". Segundo as tradições, ele carrega, em sua bolsa, uma moeda de prata que sempre retorna a ele depois de gastá-la!

Os Duendes são seres da mitologia europeia, especialmente da Península Ibérica. Apesar de algumas características próprias, podem ser comparados a outras entidades de mesma natureza existentes por toda a Europa, inclusive aos Leprechauns irlandeses.

Geralmente são descritos como seres minúsculos, com 15 a 30 cm de altura, de grande cabeça com um formato cônico. São criaturas de atributos encantados, capazes de atravessar paredes, mudar de formas e cores e até volatilizar-se nos ares.

Podem ser encontrados em ambientes urbanos, gostando de pregar peças nos seus habitantes, tais como esconder objetos, abrir e fechar portas, produzir ruidos assustadores, entre outras coisas.

Muitos consideram os Duendes como seres amigáveis, mas, não raro, contam as lendas, que eles aparecem de repente, assustando os passantes e sumindo nos ares em meio a grandes gargalhadas.

Tanto como os Leprechauns, estão associados a um "*Pote de Ouro*" guardado no final de um arco-íris. Se eventualmente forem capturados, usariam este ouro para comprar a sua liberdade.

Como pudemos mostrar, todos estes seres mitológicos aparecem associados aos caldeirões ou aos potes. Desta forma, podemos considerar estes objetos como mágicos e, assim, estariam trazendo um pouco de sua magia para as nossas Reuniões.

Com isto encerramos o estudo deste Símbolo, muito interessante e bonito, porém pouco notado em nossas Lojas, razão pela qual o chamei de Símbolo Perdido!

NOTAS

1 e 2 CÂNDIDO, Maria Regina – "Medeia, Mito e Magia: a imagem através do tempo." Núcleo de Estudos da Antiguidade. Rio de Janeiro: NEA/UERJ – Fábrica do Livro/SENAI, 20

2ª Parte

Respingos da História

O Sentimento Nativista e as Inquietações Coloniais
A Maçonaria ao Final dos Períodos Colonial e Imperial

7° CAPÍTULO

A FORMAÇÃO DO NATIVISMO

Desde a época do Pau-Brasil, nossa Terra vinha sendo cobiçada por outras Nações. Primeiramente através de atos isolados de pirataria, especialmente a francesa, que procurava jogar nossos primitivos habitantes contra os portugueses para assim obter vantagens. A presença dos franceses em terras brasileiras se fez tão forte que o renomado Professor Capistrano de Abreu chegou a afirmar que, durante bastante tempo, não se soube qual seria o destino do Brasil: se francês ou português.

O interesse francês sobre o território brasileiro evoluiu, de diversos atos de pirataria, para tentativas de colonização ainda no século XVI. Desta forma, vamos ver duas tentativas de fixação dos franceses no Brasil. A primeira, no litoral do Rio de Janeiro (França Antártica) em 1555, e a segunda no Maranhão (França Equinocial) a partir de 1594. A primeira invasão foi chefiada por Nicolas Durand de Villegaignon que chegou ao Brasil com dois navios e cerca de 100 homens. Conseguiram estabelecer-se na ilha de Seregipe (atualmente Villegaignon), construindo uma fortificação que recebeu o nome de Forte Coligny. Esta tentativa de colonização foi repelida graças à vigorosa intervenção de Estácio de Sá que, com o auxílio dos índios temiminós, conseguiu expulsar os invasores entre 1565 e 1567. Nesse ano de 1565, a primeiro de março, foi fundada, por Estácio de Sá, a cidade de São Sebastião do Rio de Janeiro.

Uma segunda tentativa francesa ocorreu em terras do Maranhão, quando Jaques Rifault estabeleceu uma feitoria na ilha de São Luiz. Em 1612, a chegada de uma expedição francesa sob o comando de Daniel de La Touche, com cerca de 500 colonos, ocupou as áreas litorâneas do Maranhão. Nesta ilha, os franceses formaram um povoado que recebeu o nome São Luiz, em homenagem ao rei Luís XIII. Os franceses ampliaram seu domínio pelas áreas litorâneas, ocupando terras dos atuais Estados do Pará e Amapá.

Com forças reunidas em Pernambuco, os portugueses conseguiram a expulsão dos franceses da área. Uma vez expulsos do Brasil, conseguiram assentar-se na atual Guiana Francesa, fundando a cidade de Caiena em 1635. A área passou a ser administrada diretamente pela coroa francesa e hoje se constitui em um dos Departamentos da França. São Luiz, com a presença dos colonos portugueses, evoluiu e transformou-se, hoje, na capital do Estado do Maranhão.

Além das investidas francesas, tivemos o interesse dos holandeses que, por duas vezes, tentaram se instalar em terras brasileiras. Inicialmente havia um forte comércio entre holandeses e portugueses. Os primeiros traziam para Portugal, trigo, objetos de ferro e aço e toda uma série de produtos manufaturados levando, em troca, sal, vinho, especiarias, madeiras, açúcar, entre outras coisas.

Em 1580, Portugal passou ao Domínio Espanhol sob o reinado de Felipe II. Com a morte do jovem Rei de Portugal, Dom Sebastião, na batalha de Alcácer Quibir, na África, sem deixar descendentes, o Trono português acabou indo parar nas mãos do espanhol Felipe II, por ser neto do Rei Dom Manuel, dito "O *Venturoso*", de Portugal. A Espanha, acostumada com as grandes riquezas retiradas da América, especialmente do México e do Peru, bem pouca importância deu à sua nova aquisição.

Com o Domínio Espanhol, muita coisa mudou para Portugal e seus domínios. Até então, Portugal vivia em paz com as demais nações do Mundo, especialmente com a Inglaterra e a Holanda, com as quais mantinha fortes relações comerciais. A partir desta mudança e em virtude de guerra mantida entre Espanha e Holanda, os navios holandeses foram proibidos de aportar em áreas de domínio espanhol, especialmente nos portos brasileiros.

A Holanda mantinha uma grande distribuição do açúcar produzido no Brasil, por boa parte da Europa, o que lhe rendia bons lucros. Perdida esta fonte de renda, os holandeses partiram para a retaliação, invadindo regiões que estavam embaixo do domínio espanhol, sequestrando valores e navios. Este foi o caso do Brasil, que sofreu duas invasões: a primeira na Bahia em 1623 e a segunda em Pernambuco em 1630.

> *Portugal e Holanda haviam mantido, anteriormente, grande intercâmbio comercial. Os navios flamengos traziam do Norte da Europa trigo, produtos de metal, fazendas finas e manufaturados em geral para os portos portugueses. Levavam sal, vinhos, especiarias do Oriente, açúcar e madeiras vindos do Brasil.* [1] (sic)

Em maio de 1624, uma forte esquadra holandesa, comandada por Jacob Willenkens, chegou a Salvador e, forçando a barra do porto, conseguiu bombardear a cidade, desembarcando tropas, afugentando o povo, os defensores da cidade e aprisionando o Governador Dom Diogo de Mendonça Furtado.

No interior, os brasileiros e portugueses, liderados pelo Bispo Dom Marcos Teixeira, organizaram uma resistência aos holandeses e, através de uma campanha sistemática de guerrilhas, impediram que os holandeses se aventurassem pelo interior do País em busca de alimentos para a sua sobrevivência. Como o conhecimento da

---

[1] SOUTO MAIOR, A. *História do Brasil*. 10 Edição. São Paulo: Cia Editora Nacional. 1974.

terra favorecia ao sistema de guerrilhas, os holandeses ficaram como que prisioneiros em Salvador.

As notícias da ocupação holandesa sobre Salvador, a mais importante cidade e Capital do Brasil naquela época, chegaram à Espanha e Portugal. Estes, rapidamente, se apressaram em mandar socorro à Colônia. Uma forte esquadra Luso-Espanhola chegou a Salvador completando o cerco. Impossibilitados de receber reforços e suprimentos pelo mar e sem conseguir estabelecer uma grande base em terra, os holandeses foram obrigados a desistir da ocupação, rendendo-se e voltando para a Holanda.

No entanto, um golpe de sorte fez com que uma esquadra holandesa, comandada por Peter Heyn, conseguisse apoderar-se da chamada *"Frota da Prata"*, uma flotilha espanhola, carregada de muita prata que estava dirigindo-se do México para a Espanha. Esta grande riqueza aprisionada permitiu à *"Companhia das Índias Ocidentais"* armar uma segunda invasão ao Brasil. Esta foi cuidadosamente preparada e armada tendo como objetivo a cidade do Recife, em Pernambuco, grande centro produtor de açúcar, considerada, na época, pérola das posses ultramarinas portuguesas.

> *Acharam por bem determinar a conquista do Brasil, a região de maior produção de açúcar na época, por intermédio da Companhia das Índias Ocidentais, companhia particular formada em 1621 com capital de 7.108.000 florins, dirigida pelo conselho dos XIX, o qual era formado por armadores e negociantes de várias cidades e por um representante dos Estados-Gerais, órgão dirigente do país. A zona de ação da nova empresa era o Oceano Atlântico principalmente, mas a concessão estendia-se também pelo Pacífico, a Leste de Nova Guiné.*[2] (sic)

Uma forte esquadra holandesa, comandada por Hendrick Lonck, apresentou-se diante de Recife em fevereiro de 1630. Mathias

---

[2] TAUNAY, Alfredo d'Escragnolle e ACCIOLY, Roberto B. *História Geral da Civilização Brasileira.* 1ª Edição. Rio de Janeiro: Bloch Editores – Rio de Janeiro. 1973.

de Albuquerque, governador da Capitania, devidamente prevenido, fizera os preparativos para a defesa, inclusive afundando seis embarcações na entrada do porto.

Os holandeses, impedidos de se aproximar e bombardear a cidade, dirigiram-se para um local mais ao Norte para desembarcar. Escolheram a praia do Pau Amarelo que, apesar de defendida, não conseguiu impedir o desembarque. Os holandeses encaminharam-se para Olinda que foi conquistada e, em seguida, partiram para a conquista de Recife.

Mathias de Albuquerque, sentindo que seria impossível a manutenção da cidade, juntou os seus comandados e refugiou-se em um local elevado e equidistante de Olinda e Recife. Foi fundado, então, o centro de defesa denominado *"Arraial do Bom Jesus"*, de onde partiram várias operações de guerrilhas e ataques às fortificações que os holandeses passaram a construir em Olinda e Recife.

Apesar da vinda de esquadras com reforços tanto holandeses como espanhóis, a situação da Colônia chegou a um impasse: nem os holandeses conseguiam expandir sua área de conquista, nem os defensores conseguiam expulsá-los.

A sorte da guerra mudou-se para o lado holandês quando, em 1632, Domingos Fernandes Calabar trocou de lado. Guiados por Calabar os holandeses conseguiram uma grande série de vitórias, conquistando todo o litoral da Paraíba e chegando a dominar o Forte dos Reis Magos em Natal, no Rio Grande do Norte.

> *Calabar conhecia profundamente a região, pois era contrabandista. As razões que o levaram a trair seus compatriotas jamais serão conhecidas; talvez a ambição ou o desejo de melhor posição social entre os estrangeiros; talvez o desânimo e a convicção da vitória flamenga ou até mesmo a ideia de que o holandês seria melhor colonizador do que o português.* [3] (sic)

---

[3] SOUTO MAIOR, A. Obra citada.

Satisfeitos com os rumos que tomava o domínio holandês, a Companhia das Índias Ocidentais resolveu mandar um administrador para o Brasil. A escolha recaiu sobre o Príncipe João Maurício de Nassau-Siegen. Maurício de Nassau chegou ao Brasil em 1637 e encantou-se com o local.

Nassau veio para o Brasil, pois estava em dificuldades financeiras, consequência da construção de sua luxuosa moradia em Haia, na Holanda, a Mauritshuis, projeto do famoso arquiteto Jacob van Campen, cujas despesas passaram de meio milhão de florins, valor considerado altíssimo para a época. Receberia uma ajuda de custo de 6.000 florins e mais um salário mensal de 1.500 florins, mais despesas com a comida e a criadagem, além de uma participação de 2% sobre os lucros da Companhia aqui no Brasil.

O Príncipe (abaixo) era considerado um homem de esmerada educação, dotado de gosto altamente refinado pelas artes, de grande vocação humanística e imenso preparo militar. Havia participado da chamada "Guerra dos Trinta Anos". Veio para o Brasil acompanhado por uma comitiva que incluía um grupo de médicos, teólogos, pintores, além de arquitetos e cientistas. Dentre eles destacaram-se o médico Willen Piso que aqui estudaria as doenças tropicais, o paisagista Franz Post, o retratista Albert Eckhout, o cartógrafo Cornelis Golijat, e o astrônomo Georg Marggraf, entre outros.

Chegando ao Brasil procurou consolidar e ampliar as terras conquistadas. Para tanto, procurou a amizade dos brasileiros, principalmente dos comerciantes e dos latifundiários, concedendo empréstimos e financiamentos para a restauração de engenhos danificados ou abandonados, visando restabelecer toda a produção de açúcar. Introduziu novos métodos de plantio da cana e do fumo. Apesar de Calvinista, introduziu uma liberdade de culto entre todos os que estavam ou quisessem vir para o Brasil. Lembramos que este tipo de liberdade religiosa não existia na Europa.

Com sua chegada e fixação em Recife, a cidade passou a ganhar inúmeras melhorias, adquirindo novos traçados urbanísticos, saneamento, com drenagens de pântanos e construções de diques, novas pontes e palácios. Construiu um Jardim Botânico, um Zoológico, um Observatório Astronômico e um Museu de História Natural. A cidade recebeu serviços públicos essenciais, tais como a coleta de lixo e um corpo de Bombeiros. Tudo isto fazia parte do planejamento de Nassau para a sua Cidade Maurícia que foi considerada por alguns "como a primeira cidade a merecer este nome na América Portuguesa".

Depois de uma malograda tentativa da conquista de Salvador, Maurício de Nassau foi vendo decair seu prestígio. Inúmeras divergências entre a sua forma de administrar o Brasil holandês e os resultados esperados pela Companhia das Índias Ocidentais levaram-no a deixar o cargo, retornando para a Europa, em 1644.

Outro detalhe que acabou por complicar, também, a sua administração, foi o fim do Domínio Espanhol com a Restauração Portuguesa que viu, em 1640, um complô da aristocracia levar o Duque de Bragança ao Trono Português com o título de Dom João IV. Com isto cessavam as animosidades entre Portugal e Holanda.

No entanto, a presença holandesa no Brasil passou a incomodar Portugal, que começou a trabalhar na expulsão dos agora considerados como estrangeiros dentro de suas terras. A partir de 1645, portanto, logo depois da saída de Maurício de Nassau, os líderes da terra reuniram-se e começaram a planejar as lutas para a expulsão dos holandeses. Nesta campanha destacou-se como um dos principais líderes, João Fernandes Vieira, um mulato português, que chegara ao Brasil com dez anos de idade e era considerado como o comandante geral das chamadas tropas do Exército Patriota. Como Mestre de campo, participou das duas Batalhas dos Guararapes em 1648 e em 1649.

Outro nome de destaque na campanha foi o do brasileiro André Vidal de Negreiros, nascido na Paraíba, que mobilizou recursos e pessoas no interior para lutar contra os holandeses. Nomeado Mestre de campo comandou o chamado "Terço dos Brasileiros" nas duas Batalhas dos Guararapes sendo importantíssimo no cerco final a Recife.

Batalha dos Guararapes – Óleo sobre tela de Victor Meirelles

Ganhou destaque o índio Poti, pertencente à tribo Potiguar, que acabou conhecido pelo nome português de Felipe Camarão. Mostrou ser um soldado valoroso arregimentando índios e colocando-se em uma campanha de guerrilhas contra os holandeses. Participou da Primeira Batalha dos Guararapes comandando o chamado "Terço dos Índios". Acabou sendo agraciado com o título de Dom e o Manto dos Cavaleiros de Cristo.

Por fim, resta-nos lembrar da figura do negro Henrique Dias, brasileiro e filho de escravos, que recrutou mulatos e ex-escravos negros e, quando nomeado Mestre de campo, comandou o "Terço dos Homens Pretos e Mulatos" nas duas batalhas dos Guararapes.

Como consequência das duas Batalhas dos Guararapes, tivemos a retirada dos holandeses para a cidade de Recife, onde acabaram cercados pelas tropas, agora ditas Patriotas, compostas por portugueses, brasileiros, indígenas e negros. Com a chegada de uma esquadra portuguesa, sob o comando de Pedro Jaques, completou-se o cerco sobre a cidade e os holandeses foram obrigados a se render. Em 1654, foi assinado o Tratado da Campina do Taborda e os holandeses retiraram-se do Brasil. Com isso terminava, depois de vinte e quatro anos, o Domínio Holandês sobre o Brasil.

Cabe ainda uma explicação quanto à razão de se escrever um Capítulo tão longo e praticamente só abrangendo a História do Brasil. Pelos quatro nomes dos Heróis da Insurreição Pernambucana, mostrados na página anterior, podemos ver a união dos Portugueses, dos Brancos, dos Brasileiros, dos Índios, dos Mulatos, dos Negros que lutaram juntos com um objetivo único: a expulsão de um inimigo comum e considerado como **Estrangeiro.** (Grifo do Autor)

Pela primeira vez se reconhece um *sentimento de **Pátria** em relação ao Brasil.* Este sentimento, a partir deste seu início foi ganhando força e vai estar na base de todas as chamadas Inquietações do Período Colonial como vamos ver nos Capítulos seguintes. (Grifo do Autor)

8° CAPÍTULO

AS PRIMEIRAS INQUIETAÇÕES COLONIAIS

INTRODUÇÃO:

Nós procuramos mostrar, no Capítulo anterior, o início do sentimento pela Pátria. Nós vimos que brasileiros e portugueses se ombrearam contra um inimigo comum, os holandeses. Este sentimento inicial nos conduz diretamente a uma afeição pela terra brasileira, mas não como Brasil especificamente, e sim um Brasil português e Colônia. Com o passar do tempo uma mudança começa a ser sentida. Os nascidos aqui passam a ser diferenciados dos nascidos em Portugal. As diferenças tendem a se agigantar com o passar dos tempos e sempre em prejuízo dos ***"brasileiros"***. Os nascidos aqui começam a sentir um amor diferente pelo Brasil que começa a ser a nossa Pátria. (Grifo do Autor)

Apesar de que a data oficial do descobrimento do Brasil seja 1500, Portugal bem pouco se importou com as novas terras. Seu único interesse, naqueles primórdios, era o comércio com o Oriente de onde vinham as chamadas especiarias que geravam altos lucros para os portugueses.

De início Portugal mandou apenas duas expedições, ditas

Exploradoras, ao Brasil. A única coisa que apresentou algum interesse para os portugueses foi o Pau-Brasil (Caesalpinia echinata), árvore conhecida pelos nativos, geralmente, como ibirapitanga (ibira = madeira e pitanga = vermelha) que é uma árvore da família das Leguminosas, nativa da Mata Atlântica brasileira. Portugal manteve, naqueles primeiros anos, esta política: extraía das terras brasileiras o pau-brasil que era trocado com os indígenas por miçangas e quinquilharias.

Na dificuldade inicial para se achar os metais preciosos, este tipo de relação predominou no começo da ocupação. O entendimento português, a respeito do Brasil, só foi modificado quando houve a ameaça de perder a posse da nova terra para outros invasores, especialmente os franceses.

A partir de 1530, Portugal resolveu-se pela colonização do Brasil. Diante da imensidão das terras a tarefa seria imensa. Nesse mesmo ano chegou a 1ª Expedição Colonizadora, aportando em terras da Bahia, com Martim Afonso de Souza fundando a cidade de Salvador que se tornaria a primeira Capital do Brasil. Fundou, ainda, em 1532, a vila de São Vicente, no litoral paulista.

O sistema de colonização através de Expedições Colonizadoras revelou ser muito caro e praticamente ineficiente. A solução encontrada, então, foi dividir o território brasileiro em uma série de Capitanias Hereditárias que foram sendo doadas à nobreza portuguesa. Portugal desembaraçava-se, desta forma, das despesas com a colonização do Brasil.

Com o desenvolvimento da colonização, começamos a notar que a Metrópole passou a explorar, de forma excessiva, a Colônia, gerando inúmeras desavenças no Brasil. No início foram poucas as rebeliões, mas com o passar do tempo podemos sentir que a insatisfação aumentava e cresciam, também, as revoltas. As primeiras foram classificadas como simples movimentos Nativistas e as últimas como Separatistas. A presença da Maçonaria começa a ser sentida quando se pretende uma emancipação do Brasil em relação a Portugal.

AMADOR BUENO DA RIBEIRA:

A Aclamação de Amador Bueno ocorrida em 1641, na então vila de São Paulo, pode ser considerada o primeiro episódio onde o Nativismo se manifesta. Apesar de poder ser assim considerado, nós vemos com um olhar mais crítico este episódio.

Vamos analisar friamente os fatos. Em primeiro lugar temos que notar que o Brasil deixara o Domínio Espanhol, período durante o qual o antigo Tratado das Tordesilhas, separando as terras portuguesas das espanholas, perdera totalmente sua razão de ser. Assim, os habitantes de São Paulo puderam, livremente, adentrar a terra, na tarefa de aprisionar indígenas, chegando, mesmo, a atacar Missões Jesuíticas, onde os selvagens já eram mais pacíficos e estavam agrupados em grande número. São as chamadas Entradas que chegaram a atingir até a bacia do Rio da Prata.

O final da dominação espanhola teve como outra consequência, uma crise no abastecimento de escravos africanos. A necessidade de mão de obra, porém, continuava forte. Desta forma, os habitantes de São Paulo, já acostumados a entrarem pelas matas em busca de escravos negros fugidos (Capitães-do-Mato) ou em busca de metais e pedras preciosas (Bandeirantes), viram na caça ao índio, destinado ao trabalho escravo, uma boa fonte de renda. Ainda mais que o indígena, por ser muito mais barato que o escravo africano, tornou esta atividade muito relevante para São Paulo.

No entanto, estas ações prejudicavam os interesses da Coroa Portuguesa, pois diminuía, consideravelmente, o comércio de escravos africanos, além de causar um mal-estar diplomático porque os bandeirantes chegaram a atacar as missões jesuíticas espanholas no vale do Rio da Prata. Pressionados pelos Jesuítas, os portugueses proibiram totalmente esta atividade.

Claro é que esta medida prejudicava muito as atividades dos habitantes de São Paulo, mesmo porque tinham nela praticamente sua única atividade comercial. A vila era bastante pobre. A primeira represália tomada foi a expulsão dos Jesuítas de São Paulo, episódio que ficou conhecido em nossa história como *"Botada dos Padres Fora"*.

O episódio foi provocado especialmente por uma Bula Papal, de Urbano III, que protegia a liberdade indígena. As medidas tomadas em São Paulo refletiram-se no Rio de Janeiro, onde também os Jesuítas foram hostilizados. Apesar de tudo, estes Padres, expulsos em 1640, retornaram em 1653, depois de 13 anos de exílio e a liberdade dos índios foi mantida.

A outra consequência do fim do Domínio Espanhol, em São Paulo, foi a aclamação de Amador Bueno da Ribeira como Rei de São Paulo. Amador Bueno era filho de pai espanhol e mãe brasileira, portanto se sentia dividido entre as duas nacionalidades, havendo sido Capitão-Mor e Ouvidor da Capitania de São Vicente à qual pertencia a vila de São Paulo.

Segundo algumas fontes, Amador Bueno foi aclamado rei em 1641, por uma forte facção castelhana, rica e influente, existente em São Paulo e que não gostaria de ficar submetida a Dom João IV. Ainda, segundo estas mesmas fontes, a ideia principal era separar a região paulista e seu interior todo e juntá-la às possessões espanholas próximas. Esta é a razão pela qual não julgo que este movimento tenha sido exclusivamente Nativista. Havia certo interesse espanhol.

Amador Bueno não aceitou sua aclamação e, de espada em punho, jurou fidelidade a Dom João IV, dando vivas ao novo Rei. Sua atitude não foi, inicialmente, bem aceita e ele, temendo represálias, refugiou-se em um Convento Beneditino. Alguns dias depois os paulistas aceitaram o novo rei de Portugal. O episódio acabou em nada, pois São Paulo não teria condições econômicas para manter uma luta armada com Portugal. A única coisa que podemos notar é que o descontentamento entre brasileiros e portugueses já começava a se fazer sentir.

A REVOLTA DE BECKMAN:

A revolta de Beckman ou dos Irmãos Beckman, um sobrenome alemão, muitas vezes aportuguesado para Bequimão, ocorreu no Maranhão em 1684. Aqui podemos sentir que as diferenças entre portugueses e brasileiros começam a se acentuar. Este é, claramente, um movimento Nativista.

A expulsão dos holandeses do Nordeste provocou uma grande crise na indústria açucareira, acabaram-se os financiamentos e os grandes compradores foram embora, provocando uma estagnação da área e uma crise geral do abastecimento.

A área mais afetada foi a do atual estado do Maranhão. A situação ficou tão periclitante que o governo português resolveu intervir na economia local criando a chamada Companhia Geral do Comércio do Estado do Maranhão.

O chamado Estado do Maranhão foi criado durante o domínio Espanhol em 1621 e sua área correspondia aos atuais territórios dos Estados do Ceará, Maranhão, Piauí, Pará e Amazonas. Ao final do período espanhol essa região toda ficou sob a administração direta da Metrópole Portuguesa.

Sua população vivia em estado de extrema pobreza, sobrevivendo da caça, pesca e coleta, fazendo, ainda, uma pequena agricultura de subsistência. Como atividade econômica praticavam a cultura da cana-de-açúcar, do fumo e com uma pequena pecuária para a produção de couro.

Além do mais, a forte rivalidade entre os senhores de engenho e os Jesuítas, no Maranhão, representados especialmente pelo Padre

Antônio Vieira, praticamente impedia a utilização da mão de obra indígena. Como não havia dinheiro suficiente para se adquirir o escravo africano, por ser muito mais caro, a estagnação econômica tornava-se crescente.

A Companhia foi criada na tentativa de resolver os problemas existentes e, fundamentalmente, deveria trazer gêneros alimentícios a preços compatíveis, levando e comercializando a produção local e, também, providenciar a entrada de quinhentos escravos africanos por ano. Esta última medida destinava-se a acalmar as desavenças entre produtores e Jesuítas.

Como a Companhia não cumpria a sua parte, não trazendo os escravos, introduzindo produtos de péssima qualidade e não garantindo o escoamento da produção, a situação, ao invés de melhorar, só piorou.

Em fevereiro de 1684, depois de algum tempo de preparo, eclodiu uma Revolta contra o estado de coisas e principalmente contra a Companhia Geral do Comércio do Estado do Maranhão. A Revolta, liderada pelos irmãos Manuel e Tomás Beckman e mais Jorge Sampaio, aproveitando-se da ausência do governador, conseguiu reunir um grupo de, aproximadamente, oitenta descontentes, que invadiu e saqueou os armazéns da Companhia. Em seguida tomou o Corpo da Guarda, aprisionando o Capitão-Mor Baltazar Fernandes. Depois invadiu o Colégio dos Jesuítas, expulsando todos os padres que ali se encontravam.

Com a Revolta consolidada, formou-se uma Junta de Governo, chefiada por Manuel Beckman enquanto que seu irmão, Tomás, foi mandado para Portugal a fim de negociar diretamente com os portugueses a extinção da Companhia de Comércio, contra a qual havia severas denúncias.

Tomás Beckman não obteve sucesso em sua missão e acabou sendo preso e trazido de volta para o Brasil, juntamente com o novo governador nomeado, Gomes Freire de Andrade e, também, com o envio de tropas para aniquilar a Revolução. Com a chegada das tropas, os revoltosos debandaram e os principais chefes acabaram sendo presos, Manuel Beckman e Jorge Sampaio, considerados os principais líderes, foram condenados à forca.

Apesar de que a Revolta em nada modificou a situação de pobreza da população local e culminou com o encerramento das atividades da Companhia Geral do Comércio do Estado do Maranhão, para alguns autores ela teve realmente o caráter de nativista, pois colocou frente a frente os donos das terras contra os Jesuítas, que gozavam da proteção total da Metrópole. Outros não pensam assim, julgando-a apenas uma revolta local, sem maiores consequências.

No entanto, devemos salientar que houve a expulsão dos Jesuítas, o aprisionamento da maior autoridade militar da área e, mais ainda, apesar de ausente, o Governador teve seu cargo extinto e foi substituído por uma Junta de Governo. Fica claro que não foi um movimento separatista e que deveria perdurar somente até Portugal resolver as pendências econômicas existentes, fato que não ocorreu.

9° CAPÍTULO

INQUIETAÇÕES NATIVISTAS

EMBOABAS:

A chamada Guerra dos Emboabas, ocorrida entre 1708 e 1709, foi um episódio de cunho Nativista, pois colocou, frente a frente, os brasileiros (Paulistas) e os chamados estrangeiros, portugueses em sua grande maioria.

Antes de passarmos à luta propriamente dita é necessário que se faça uma distinção entre o que foram as Entradas, as Bandeiras e também as Monções. Os três termos designam diversos tipos de

Partida da Monção – Almeida Júnior

expedições ocorridas no Brasil à época colonial. Suas finalidades foram bastante diferentes, tais como: a captura de escravos africanos fugidos, o extermínio e aprisionamento de indígenas, a busca de metais e pedras preciosas e a expansão territorial.

As Entradas tinham por finalidade principal expandir o território, eram financiadas pelo Poder Público, com o apoio do Governo Colonial. De qualquer forma entrava o dinheiro português.

As Bandeiras eram feitas através da iniciativa particular, com recursos próprios e sua finalidade principal era a obtenção de lucros. Os membros destas expedições ficaram conhecidos como Bandeirantes.

Por fim, temos as Monções que depois da descoberta de metais preciosos, especialmente, nas regiões de Goiás e Mato Grosso, partiam da localidade paulista de Porto Feliz, com a missão de abastecer as áreas de mineração. As embarcações geralmente eram estreitas, compridas e de pequeno calado permitindo a navegação em águas rasas, próximas das margens. Recebiam a denominação de batelões e carregavam praticamente de tudo, armas, munições, tecidos, mantimentos, instrumentos agrícolas e escravos negros que seriam comercializados. Em seu retorno voltavam abarrotados com ouro e peles.

Domingos Jorge Velho
Quadro de Benedito Calixto

Por fim, vamos

desmistificar a figura do Bandeirante, tal como aparece na página anterior. Aquela figura do explorador vestido de roupas de couro, botas de cano alto, espada à cinta, cinturões trespassados pelo corpo, armas na cintura, arcabuz na mão ou a tiracolo, chapéu de abas largas, não passa de uma fantasia criada por inúmeros retratistas que viam os bandeirantes dessa forma.

Podemos, praticamente, afirmar que somente os chefes das Bandeiras poderiam se vestir assim. Em geral, a maioria dos componentes das expedições era constituída de índios ou mamelucos, os quais bem pouca roupa usavam e estavam sempre descalços.

> *As expedições ao interior tinham caráter quase militar e compunham-se de portugueses, mamelucos e índios. O chefe da bandeira tinha poder absoluto sobre todos os seus membros. A disciplina era rígida e a longa caminhada duríssima. Cada bandeirante levava o que julgava indispensável aos primeiros dias de viagem. Iam bem armados e os que não dispunham de escravos carregavam suas próprias bagagens.* [1] *(sic)*

As primeiras Entradas ocorridas no Brasil tiveram como ponto de partida Salvador e Porto Seguro, na Bahia. No entanto, estas Entradas nada conseguiram realizar. Na Capitania de São Vicente e, mais especialmente, na Vila de São Paulo, as Entradas ganharam grande vigor. Como já vimos, o apresamento dos índios era a única fonte de renda dos paulistas.

A partir da descoberta, pelos espanhóis, das minas do Potosí, no ano de 1542, em terras, hoje da Bolívia, reforçou-se a ideia que em terras portuguesas também haveria muitas riquezas minerais. Este fato está na base das famosas lendas da Serra dos Martírios e das Esmeraldas. Com base nesta última, Fernão Dias Paes percorreu terras pertencentes ao atual Estado de Minas Gerais e acabou por encontrar uma grande quantidade de pedras verdes que julgou

---

[1] SOUTO MAIOR, A. *História do Brasil.* 10ª Edição. São Paulo: Cia Editora Nacional. 1974.

serem as famosas esmeraldas. No entanto, acabou por encontrar a morte nos sertões, sem saber que as pedras achadas não passavam de turmalinas de pequeno valor comercial.

Como nós já vimos, a atividade de apresamento de índios foi sendo, cada vez mais, perseguida pelos Jesuítas, tanto é que os paulistas foram obrigados a deixá-la de lado. Desta forma, seria necessária uma nova atividade para o povo da cidade de São Vicente e da Vila de São Paulo. Acostumados a varar os sertões, esta nova atividade baseou-se na busca de metais e pedras preciosas. Exatamente por causa desta necessidade, tiveram início as famosas Bandeiras.

A primeira notícia que temos da descoberta de ouro no Brasil aconteceu nas proximidades do Morro do Jaraguá na Vila de São Paulo. Apesar do furor inicial, esta descoberta revelou-se de pouco valor comercial. Serviu apenas para mostrar que haveria a possibilidade da descoberta de ouro em terras brasileiras.

Outro detalhe que devemos lembrar é aquele de que, além de todas as dificuldades econômicas vividas pela Vila de São Paulo, esta ainda se via separada do litoral vicentino, por uma grande barreira representada pela Serra do Mar. Em contrapartida, havia a presença do Rio Tietê que, contrariando todas as normas, corria em direção ao interior e não para o litoral. Esta foi a via de acesso que permitiu aos Bandeirantes alcançar, através das vias fluviais, grandes distâncias no interior do Brasil.

A primeira notícia importante de descoberta de ouro em terras brasileiras nos é dada quando, em 1648, Antônio Dias de Oliveira descobriu na região de Minas Gerais as primeiras jazidas de ouro. A novidade espalhou-se pela Colônia, como que em um rastilho de pólvora, provocando uma verdadeira *"Corrida do Ouro"*. Pessoas de todas as partes do Brasil, especialmente do litoral da Bahia e de Pernambuco, movidas pela *"Febre do Ouro"*, abandonaram suas terras em busca de grandes riquezas que seriam proporcionadas pelo ouro. Consta que mais de sessenta mil portugueses acorreram ao Brasil em busca das terras mineiras durante sessenta anos.

> *Em 1700, Manuel Borba Gato, genro de Fernão Dias Paes, descobre as tão procuradas minas de Sabará e daí multiplicam-se os arraiais. O Anhanguera Júnior e seus futuros genros João Leite da Silva Ortiz e Domingues Rodrigues do Prado fixam-se em São José do Pará, Pitangui e Cercado.* [2] (sic)

Vamos lembrar que em Ouro Preto, Sabará e Mariana, foram localizadas as mais importantes minas de ouro da época. Os Paulistas, como descobridores das minas e, também, pelo fato de que aquelas terras pertenciam à Capitania de São Vicente, alegavam que tinham direitos exclusivos às suas explorações.

Além da disputa pelas minas de ouro, a Guerra dos Emboabas teve, também, causas econômicas. Devido às distâncias e ao enorme aumento do consumo, a demanda pelos produtos cresceu absurdamente sendo acompanhada pelo descomunal aumento dos preços. Segundo algumas fontes, um alqueire de farinha custaria em São Paulo a quantia de seiscentos e quarenta réis, enquanto que na região das minas, seu preço atingiria o valor de quarenta e três mil réis. As dificuldades se espalhavam por todos os demais artigos necessários, inclusive a carne, gerando outro conflito paralelo entre os consumidores e os fornecedores do produto.

Do outro lado estavam os portugueses chegados de outras áreas do Brasil, pincipalmente do Nordeste, mais outros estrangeiros, especialmente franceses e, ainda mais, os novos portugueses que, atraídos pelas notícias, chegavam de Portugal. Fica bastante claro que este segundo grupo, em pouco tempo, tornou-se maioria absoluta e passou a preponderar na área.

---

[2] SOUTO MAIOR, A. Obra citada

Nota do Autor: Alqueire = Antiga medida de capacidade, equivalente a 13,8 litros.

Este grupo era chamado, pejorativamente, pelos Paulistas de *"Emboabas"*. Apesar de haver mais de uma vertente para o significado da palavra, a definição mais aceita é que o termo teria vindo da *"Língua Geral Paulista"*.

Por que Língua Geral Paulista? Sabemos que São Paulo, desde o início, foi uma cidade habitada por índios e mamelucos. Deve-se lembrar que sua fundação ocorreu graças ao trabalho de catequese dos Jesuítas que instalaram sua escola no chamado Pátio do Colégio, núcleo inicial da cidade no alto de uma colina situada entre os Rios Tamanduateí e Anhangabaú, ambos afluentes do Rio Tietê.

Desta forma, bem pouco se falava da língua portuguesa em São Paulo, e sua população, de forma geral, usava uma espécie de dialeto, constituído em sua maioria pelo Tupi-Guarani, enxertado com palavras e expressões portuguesas, daí se falar em Língua Geral Paulista. Então *"Emboaba"* seria proveniente do termo tupi *mbóaba*, o nome de uma ave que tinha as pernas cobertas de penas, que significaria *"pata peluda"* (mbó = pata e aba = peluda), utilizado para designar, pejorativamente, os forasteiros que sempre estavam vestidos com calças compridas, botas ou sapatos, ao contrário dos Paulistas que bem pouca roupa usavam e, geralmente, estavam descalços (eram índios ou mamelucos).

Imagem de Manuel da Borba Gato – Descobridor das Minas de Sabará

Com os ânimos bastante acirrados as duas facções se agruparam em torno de seus Líderes.

Os Paulistas tinham a liderança do bandeirante Borba Gato, genro do famoso Fernão Dias Paes, o "Caçador das

Esmeraldas", enquanto que os Emboabas estavam liderados por um rico português chamado Manuel Nunes Viana, que acabara de obter a posse das terras que englobavam as áreas onde o ouro fora descoberto.

A disputa teve lutas encarniçadas e que acabaram com a derrota dos paulistas, que sempre estiveram em menor número. Não podemos esquecer que os historiadores apontam a chegada de uma média de dez mil portugueses por ano nessa área. O episódio que, praticamente, marcou o final do confronto ficou conhecido, em nossa História, como o *"Capão da Traição"*.

O episódio do *"Capão da Traição"* é considerado o mais trágico de todo o confronto. Capão é um nome dado para uma área de vegetação arbustiva, cercada por florestas. Nas proximidades de São João Del Rei e Tiradentes, às margens do Rio das Mortes, cerca de 300 paulistas, que estavam em retirada, haviam se refugiado nesse local. Foram cercados por um numeroso grupo de Emboabas, segundo alguns relatos, com cerca de mil homens, sob o comando de Bento do Amaral Coutinho.

Depois de intensos combates, os paulistas em grande minoria, e com a promessa de que teriam suas vidas poupadas, resolveram depor as armas e se render. Bento do Amaral Coutinho, assim que teve as armas e os paulistas em suas mãos, em um ato de total covardia, ordenou o massacre dos vencidos. É em virtude deste fato que o episódio passou a ser conhecido como o "Capão da Traição".

Como seria o Mapa do Brasil à época da Guerra dos Emboabas

A Guerra dos Emboabas teve como principais consequências:

- São Paulo e Minas formaram duas Capitanias subordinadas diretamente a Portugal.
- São Paulo passou à condição de Cidade.
- Foi regulamentada a cobrança dos quintos
- A distribuição das lavras passou a ser feita entre Paulistas e Emboabas.
- Fim dos conflitos na região e os Paulistas, derrotados, partiram para a busca de novas descobertas de ouro, o que acabou por acontecer, nas áreas de Goiás e Mato Grosso, determinando a expansão de nossas fronteiras naquela direção.

A GUERRA DOS MASCATES:

Logo em seguida um novo movimento de caráter nativista colocou frente a frente brasileiros e portugueses. A chamada Guerra dos Mascates ocorreu em Pernambuco entre 1710 e 1711.

Na verdade o conflito ocorreu em virtude do confronto entre a cidade de Olinda, mais antiga e tradicional, até então capital da província e habitada pelos Senhores de Engenho, há muito radicados na terra, e o povoado de Recife, um pequeno vilarejo habitado na maioria por portugueses.

Durante o Domínio Holandês, especialmente durante a administração de Maurício de Nassau, o povoado de Recife cresceu, foi bem cuidado, embelezado e ficou como a Sede do governo de Nassau. Graças ao porto de Recife, muito melhor localizado do que Olinda, o povoado ganhou grande importância, recebendo um número cada vez maior de comerciantes vindos de Portugal.

Por outro lado, os Senhores de Engenho, que estavam acostumados a grandes lucros, donos da riqueza e do poder, julgavam que seu dinheiro não iria acabar nunca. Acontece que depois da expulsão dos holandeses, a agroindústria açucareira entrou em declínio. Não havia mais capitais para investimentos ou compra de escravos africanos. O transporte e a distribuição, que eram feitos, quase que exclusivamente pelos holandeses, deixaram de ser realizados.

A Holanda criou novas áreas produtivas, especialmente nas Antilhas, com uma produtividade maior e com o custo de transporte muito menor. As Antilhas ficavam muito mais próximas da Europa do que o Nordeste brasileiro. Isto representou uma grande queda no preço do açúcar e os Senhores de Engenho de Olinda não mais conseguiam competir no mercado mundial.

> *A antiga capital de Pernambuco era uma cidade aristocrata, onde se concentrava a "nobreza" agrária da capitania, porém já em decadência econômica, pois o "Povo", como era chamada a povoação do Recife – tomara-lhe a dianteira, atraindo aventureiros, portugueses comerciantes e elementos de todas as categorias sociais.* [3] (sic)

Os comerciantes de Recife, compostos quase que exclusivamente por portugueses, enriqueciam a olhos vistos, formando como que uma espécie de burguesia comercial, o que desagradava tremendamente os habitantes de Olinda. Além de reinóis, os portugueses de Recife eram chamados, pejorativamente, de "*Mascates*".

Os Senhores de Engenho, apesar das dificuldades econômicas pelas quais passavam, não abriam mão do fausto e do luxo em que viviam até então. Não dispensavam os vinhos finos, as mercadorias importadas, as sedas, o linho, o veludo. Tudo era adquirido junto aos mercadores de Recife. Como não havia dinheiro suficiente para pagar tanto luxo, foram tomando empréstimos e mais empréstimos, em geral com juros abusivos, e, com o decorrer do tempo, não mais haviam meios para serem pagos. Desta forma, Olinda perdeu

---

[3] SOUTO MAIOR, A. Obra citada.

o domínio sobre a Capitania, que passou totalmente para as mãos dos Mascates.

Recife, que até então era subordinada administrativamente a Olinda, passou a pleitear sua autonomia política. Em 1709, com uma Carta Régia, Dom João V, de Portugal, elevou o povoado à condição de Vila. Imediatamente os moradores constituíram sua Câmara Municipal e ergueram o Pelourinho que, na época, era um símbolo de autonomia política.

Os Senhores de Engenho, inconformados com a medida e armados, invadiram Recife, destruindo o Pelourinho, e soltaram todos os presos, pondo em fuga parte da população e muito especialmente o Governador da Capitania, Sebastião de Castro Caldas Barbosa.

A pintura de Debret retrata a Praça do Rossio em 1834. Praça Tiradentes no Rio de Janeiro hoje. O Pelourinho no centro da imagem

Só para lembrarmos, o Pelourinho normalmente é constituído por uma coluna de pedra colocada em uma praça pública importante de uma cidade ou vila onde eram expostos ou castigados escravos e criminosos. Foram considerados como símbolo da autonomia municipal. Notar que esta já era uma tradição em Portugal.

Vencida a resistência dos Mascates, o governo de Olinda passou a tomar as primeiras providências para reassumir o controle da

Província. Um fato importante é que, provavelmente, pela primeira vez se fala em república no Brasil. No chamado Senado de Olinda o líder dos senhores de engenho teria feito a proposta.

> *Era o dia 10 de novembro de 1710, que se tornaria famoso na história de Pernambuco, Bernardo Vieira de Melo teria proposto que Pernambuco se tornasse independente, proclamando-se uma república semelhante à de Veneza, evidentemente uma solução muito avançada para a época.* [4] (sic)

No entanto, os mercadores de Recife não se conformavam com estas primeiras derrotas e apesar de que tudo estava, aparentemente, em paz, às escondidas preparavam novas lutas e uma revanche contra Olinda. Em 1711, os Mascates invadiram a cidade de Olinda e destruíram os engenhos existentes na região. O conflito só chegou a um final quando Portugal nomeou um novo governador para a região para que se pusesse um ponto final nos conflitos.

O novo governador Felix José de Mendonça deu todo o apoio aos Mascates de Recife, decretando inclusive a prisão dos latifundiários de Olinda envolvidos no conflito. Desta forma, Recife acabou equiparada, politicamente, a Olinda e, em 1714, Dom João V resolveu anistiar todos os participantes das lutas e concedeu a Recife o título de Capital de Pernambuco.

No entanto, o sentimento separatista e antilusitano existente em Pernambuco, desde as lutas contra os holandeses, continuou a existir e voltaria a se manifestar como iremos ver na Revolução Pernambucana de 1817 e Confederação do Equador.

A REVOLTA DE FILIPE DOS SANTOS:

Podemos considerar que a Revolta de Filipe dos Santos,

---

4 SOUTO MAIOR, A. Obra citada.

também conhecida como Revolta de Vila Rica, ocorreu em 1720, em Minas Gerais, durante o chamado *"Ciclo do Ouro"*, e foi a última de caráter apenas Nativista.

As que se sucederam visavam, principalmente, a separação do Brasil (ou parte dele) de Portugal.

Nesta época a produção do ouro já era bastante grande e havia a proibição para a sua circulação em forma de pó ou em pepitas. Todo aquele que fosse apanhado de posse de ouro nestas condições sofreria severas punições, sendo a mais grave, o degredo para a África. O ouro extraído deveria ser levado para as Casas de Fundição e sobre ele seria cobrado um imposto no valor de 20% do peso total. Este imposto ficou conhecido em nossa História como o *"Quinto"*.

Basicamente a principal causa da Revolta foi a cobrança deste tipo de imposto. Para impedir a circulação do ouro, tanto em pó como em pepitas, o governo português decidiu criar quatro casas de fundição, a se instalar e onde todo o ouro seria transformado

Vista Parcial de Ouro Preto

em barras contendo uma marca chamada de *"Selo Real"*. Somente estas barras podiam circular e de cada cinco barras fundidas, uma ficava para a Coroa Portuguesa.

Portugal sabia que a produção de ouro estava em constante aumento, no entanto nada de crescer a arrecadação dos tributos. Havia um crescente contrabando do ouro para fora da região. A solução foram as Casas de Fundição.

Estas Casas seriam instaladas em Vila Rica (atualmente Ouro Preto), Sabará, São João Del Rei e na Vila do Príncipe (atualmente Serro), locais onde seriam, imediatamente, cobrados os impostos (Quinto). Só o ouro em barras, depois de recolhido o tributo, poderia circular livremente.

Estas medidas iriam, fatalmente, restringir, e muito, o contrabando do ouro e prejudicar os interesses de todos os mineradores, já que a tributação anterior era feita sob a forma da *"Finta"*, isto é, uma cobrança que foi fixada sobre as regiões mineradoras e que seria equivalente a trinta arrobas de ouro por ano.

É claro que estes, ao se sentirem prejudicados, organizaram uma revolta para acabar com as Casas de Fundição e o rígido controle que estava sendo imposto para evitar o contrabando.

Com as coisas chegando àquele estágio, Dom João V nomeia o conde de Assumar, Dom Pedro Miguel de Almeida Portugal e Vasconcelos, como governador da Capitania com a missão de:

1 – Instalar um Bispado na região, pois o Clero existente vivia na maior imoralidade.

2 – Aumentar o poder do Governador e trazer um contingente de *"Dragões"* (Tropas Portuguesas) para Minas.

3 – Providenciar a imediata instalação das Casas de Fundição.

Os maiores mineradores da região, entre eles Manoel Mosqueira Rosa e Pascoal da Silva Guimarães, juntaram-se a Filipe dos Santos e combinaram uma ação violenta, primeiro para intimidar o Ouvidor Martinho Vieira e, posteriormente, chegarem até o conde de Assumar.

Durante a noite de São Pedro, com suas fogueiras e espocar de fogos que ajudariam a esconder a movimentação, os revoltosos invadiram as ruas de Vila Rica, mas o Ouvidor já havia fugido. Dirigiram-se então ao prédio da Câmara, onde Filipe dos Santos, com sua inflamada oratória, acabou por insuflar ainda mais o povo.

Foi, então, redigido um memorial a ser entregue ao Conde de Assumar em seu palácio oficial que ficava em Ribeirão do Carmo (atualmente Mariana). Nele constava uma série de reivindicações, em especial a não instalação das Casas de Fundição e a extinção dos monopólios sobre o gado, o fumo, a aguardente e o sal. Por aí podemos notar que o Quinto não foi a única causa da revolta. Havia, também, motivos econômicos.

O Conde, percebendo a gravidade da situação, procurou ganhar tempo, mas a população saindo de Vila Rica invadiu Ribeirão do Carmo e postou-se diante do Palácio do Governador. Este havia se aquartelado em sua residência, juntamente com o destacamento dos Dragões, e pedira reforços ao Rio de Janeiro. Aparecendo em uma das janelas e procurando acalmar o povo, prometeu cumprir todas as reivindicações populares, inclusive concedendo uma anistia geral.

Claro que o Governador não tinha nenhuma intenção de cumprir o prometido, e a população, tranquilizada, retornou satisfeita para suas casas. Recebidos os reforços, cerca de 1.500 soldados dos Dragões, Assumar partiu para a represália pondo fim na revolta.

> *Assumar era um militar pouco inteligente e completamente inabilitado para a função que exercia. Violento e atrabiliário, despertou facilmente a antipatia da população mineira, oprimida pela cobrança vigilante dos impostos reais.* [5] (sic)

Assumar reagiu rapidamente, com violência e vingança,

---

[5] SOUTO MAIOR, A. Obra citada.

mandando prender os principais líderes do movimento, entre eles Pascoal da Silva Guimarães, Manuel Mosqueira da Rosa, Sebastião Veiga Cabral, Filipe dos Santos e mais alguns frades. Mandou incendiar as ruas do arraial onde moravam os revoltosos que foi destruído inteiramente. O local leva o nome, ainda hoje, de "Morro da Queimada".

Morte de Filipe dos Santos. Óleo de Antônio Parreiras

Filipe dos Santos foi julgado como a principal cabeça do movimento e sumariamente condenado à morte. Sua figura é bastante controversa segundo as diversas fontes. Tanto é que algumas chegam a afirmar que ele teria sido um mulato.

No entanto, a maior aceitação é de que ele fora um português, de espírito inflamado e boa oratória. Apesar de algumas fontes o darem como sendo um tropeiro, relativamente bem de vida, a maioria o mostra como um representante das classes mais baixas da população e que nada teria a perder com a cobrança dos Quintos. Sua única culpa era a de não concordar com a arbitrariedade violenta dos tributos. Sua ligação à Revolta nos é indicada pela sua grande amizade com Pascoal da Silva Guimarães, considerado o mais rico e forte dos mineradores.

Mesmo sua execução é controversa entre os diversos autores. No entanto, a maioria afirma que ele foi enforcado, e depois amarrado à cauda de um cavalo que, espantado, o arrastou, e assim seu corpo foi feito em pedaços. Outra versão, considerada por muitos como lendária, diz que teve seu corpo amarrado a quatro cavalos que, depois de espantados, fizeram seu corpo em pedaços. Para outros ele foi enforcado e esquartejado, tendo a cabeça decepada e espetada em um poste e as outras partes espalhadas pelas estradas de Minas para assim servir de exemplo para todos aqueles que pensassem em se sublevar contra Portugal.

De qualquer forma, a revolta pode ser considerada como um movimento puramente nativista e sem conotações separatistas. É considerada como precursora do movimento incorretamente chamado de "*Inconfidência Mineira*".

10° CAPÍTULO

A CONJURAÇÃO MINEIRA

Terminamos o Capítulo anterior dizendo que o nome "*Inconfidência Mineira*" seria impróprio para qualificar este movimento separatista. Apesar de que vários historiadores de renome o utilizem, nós preferimos seguir as tendências mais modernas que utilizam a denominação Conjuração Mineira.

Segundo o Dicionário Aurélio, teríamos as seguintes definições para os dois termos:

Inconfidência: *Falta de lealdade ou de fé à confiança depositada; indiscrição.*

Conjuração: *Compromisso solenemente contraído entre vários indivíduos contra um governo constituído ou as instituições vigentes.*

Partindo-se das duas definições e, segundo o ponto de vista brasileiro, não houve nenhuma falta de lealdade ou traição à confiança depositada pelos portugueses. Houve, isto sim, uma insatisfação contra a situação existente na região das Minas Gerais. A definição de Conjuração, para nós, é perfeitamente adequada à situação.

Iremos tratar primeiramente da Conjuração propriamente e, posteriormente, traçaremos um breve perfil do chamado "*Mártir da Inconfidência*", o Tiradentes.

Como vimos no Capítulo anterior, o Conde de Assumar, vitorioso e havendo liquidado à força de uma pena capital imposta a Filipe dos Santos, conseguiu impor a presença das Casas de Fundição. Por outro lado, sabemos que a época áurea da produção de ouro estava passando e já não havia mais tanto ouro para ser fundido, portanto o recolhimento dos Quintos vinha sendo cada vez menor. As palavras da professora Nícia Vilela Luz são muito claras neste sentido:

> *A Coroa, entretanto, não se convencia do esgotamento das aluviões auríferas e, sem dar atenção aos planos de reforma sugeridos por D. Rodrigo, persistia em atribuir a diminuição do rendimento do quinto à fraude e ao extravio. Calculando-se uma produção média de 500 arrobas por ano, estabelecera-se, em 1750, que o rendimento anual do quinto deveria ser de 100 arrobas. Para completá-lo imaginou-se o injusto meio da derrama, isto é, exigia-se da população a diferença. Todos os habitantes, mineradores ou não, eram obrigados a contribuir, calculando-se as contribuições ao acaso, segundo as estimativas sobre as posses de cada um. Dessas circunstâncias decorriam abusos de toda sorte que implantavam terror na região, toda vez que se lançava a derrama.* [1] (sic)

Sentimos que as inquietações na Capitania de Minas Gerais começaram a ocorrer desde os primeiros anos do século XVIII, causando motins pelas mais variadas causas, tais como o abastecimento de gêneros alimentícios, as ações de forte reprimenda praticadas pelas autoridades portuguesas e a ***cobrança exorbitante de impostos***, especialmente sobre o ouro. Estiveram neste contexto a Guerra dos Emboabas e a Revolta de Filipe dos Santos. (Pois é! Grifo do autor)

Com o decréscimo da arrecadação dos tributos, o Governador

---

1 LUZ, Nícia Vilela. *Inquietação Revolucionária no Sul:* Conjuração Mineira. *in* História Geral da Civilização Brasileira. Volume II. 2ª Edição. São Paulo: Difusão Europeia do Livro. 1968.

não conseguia entender que a causa do declínio da produção aurífera estava no esgotamento das jazidas.

Barra de ouro já "quintada" com o Sinete Real

Dom Luís da Cunha Menezes, em 1783, foi nomeado como Governador de Minas Gerais (o "Fanfarrão Minésio" das "Cartas Chilenas" de Thomas Gonzaga), de funesta reputação em razão de sua arbitrariedade.

Com a desvalorização comercial da cana-de-açúcar, Portugal passou a ver na exploração do ouro a única viabilidade econômica da Colônia. Assim, foram os portugueses estabelecendo ***uma série de taxações, cada vez mais pesadas sobre a mineração.*** (Pois é, novamente... Grifo do Autor)

As fórmulas usadas para calcular os valores devidos variaram durante o decorrer do tempo e, como nós já vimos, foi usado um tipo de cobrança denominado Finta que estabelecia o recolhimento de 30 arrobas (aproximadamente 450 quilos) de ouro anualmente para a região das minas. O sistema, apesar de ser relativamente bem aceito pelos mineradores, revelou-se insuficiente para as necessidades lusitanas. Passou-se a um sistema de cálculo de acordo com o tamanho da lavra e a estimativa de sua produção. Este imposto seria uma espécie de Captação e gerou uma grande oposição por parte dos mineradores.

Segundo alguns cálculos, a região de Ouro Preto, Sabará e

Mariana deveria entregar cerca de 1.500 quilos de ouro anualmente à Coroa.

Nem sempre as minas produziam ouro em quantidade suficiente para cobrir estas taxas e os impostos iam ficando em atraso. Portugal não conseguia acreditar na insuficiência da produção e as dívidas dos mineradores iam ficando acumuladas. Para cobrar estes valores, em atraso, foi idealizado um sistema denominado "*Derrama*" que iria complementar as taxas devidas.

Este sistema afetaria todos os moradores da Capitania e não só os mineradores. O cálculo dos valores que cada um deveria recolher era feito de acordo com suas posses e, frequentemente, eram maiores do que as possibilidades daquele que deveria recolher. Então, a ameaça de uma Derrama infundia grande terror em toda a Capitania.

Por outro lado, Portugal, com a decadência do comércio com as Índias, passara a depender quase que exclusivamente de sua Colônia brasileira. Desta forma, procurou jogar toda a força produtiva na mineração do ouro e também nas lavras de pedras preciosas. Este esforço demandava, cada dia mais, uma grande quantidade de mão de obra.

> *No governo de Dona Maria I várias medidas estimularam as rivalidades existentes entre a Metrópole e a Colônia. Foram fechadas no Brasil as fábricas de tecidos, mantendo-se o estanco do sal, proibiu-se o uso das estradas do interior para o litoral, ordenou-se a cobrança dos* ***quintos*** *atrasados, que não haviam sido pagos, evidentemente, pela exaustão que já se encontravam as minas de ouro e pela resistência, natural e compreensível, dos colonos aos opositores.* [2] (sic)

Além dos problemas econômicos, vamos notar que o Mundo, especialmente as Américas, estava passando por grandes

---

[2] SOUTO MAIOR, A. *História do Brasil.* 10ª Edição. São Paulo: Cia Editora Nacional.1974.

modificações. Em primeiro lugar tivemos a Proclamação da Independência dos Estados Unidos da América ocorrida em 1776 que serviria de exemplo para toda a América Latina. As transformações liberais que estavam ocorrendo, especialmente na Europa, durante o século XVIII e que culminaram com a *"Revolução Francesa"*, em 1789. Estes ideais, considerados altamente perigosos pelos portugueses, acabaram chegando ao Brasil, trazidos por estudantes brasileiros, filhos de famílias abastadas e que iam estudar na Europa, especialmente em Coimbra, em Portugal, e em Montpelier, na França.

Reunião dos Conjurados
Quadro de Pedro Américo

A Conjuração Mineira foi feita por um conjunto de homens letrados. A expressão de que a Conjuração seria de poetas, padres e advogados, mas não de homens práticos, que ficou apenas em um conjunto de grandes planos e que nunca saiu do papel é bastante comum entre aqueles que tratam do assunto. Na realidade, a parte ativa e prática de todo o movimento caberia a um homem só: Tiradentes.

Os principais afetados pela Derrama seriam os homens mais abastados da região, tais como ricos proprietários rurais, diversos intelectuais, padres e também alguns militares que, descontentes, começaram a se reunir e conspirar contra o governo português.

Dentre eles destacaram-se os poetas Cláudio Manuel da Costa, Inácio José de Alvarenga Peixoto e Tomás Antônio Gonzaga; os padres José da Silva Rolim, Manuel Rodrigues da Costa, Carlos de Toledo e Melo e o Cônego Luís Vieira da Silva; entre os militares destacaram-se o coronel Francisco Antônio de Oliveira Lopes, o capitão José Resende da Costa e o sargento-mor Luís Vaz de Toledo Pisa. Ganharam destaque ainda, o médico Amaral Gurgel, o rico contratador Domingos de Abreu Vieira e Álvares Maciel que havia estudado em Montpelier e considerado o principal introdutor das ideias francesas na Conjuração.

Maciel também é apontado como sendo Maçom e havendo sido Iniciado na França. Para uma boa parte de autores Maçons e não Maçons parece não haver dúvida quanto a este fato, se bem que não exista uma comprovação real de sua Iniciação.

> *Filiara-se, na Europa, à maçonaria e é possível que sua ação tivesse mais amplitude do que a que os documentos da devassa deixam entrever.* [3] (sic)

Quanto à importância da Independência dos Estados Unidos, na ideologia de Conjuração Mineira existe um episódio que é relatado por alguns autores e que deixa poucas margens para sua contestação.

Consta que Thomas Jefferson, em 1786, estava como Embaixador dos Estados Unidos junto à França, quando recebeu uma carta, proveniente da Universidade de Montpelier, assinada sob o pseudônimo de Vendek, afirmando ter assuntos muito importantes a serem tratados com aquele Embaixador e pedindo a realização de um encontro entre eles.

O encontro foi marcado e, em 1787, Vendek, que era o codinome utilizado pelo estudante José Joaquim Maia, diria ao Embaixador que a Independência dos Estados Unidos serviria de espelho para uma Revolta no Brasil e que neste caso gostaria de contar com uma ajuda daquela Nação. Jefferson deu uma resposta evasiva, dizendo que não tinha autoridade oficial para assumir qualquer compromisso em nome de seu País, mas que a criação de uma República no Brasil seria vista com bons olhos pelos Estados Unidos.

---

[3] LUZ, Nícia Villela. Obra Citada.

Bandeira dos Conjurados

As reuniões dos Conjurados aconteciam, geralmente, nas casas de Cláudio Manuel da Costa ou de Tomás Antônio Gonzaga. Vários assuntos eram tratados, tais como: a República seria a forma do Governo; Vila Rica teria uma Universidade; a capital seria São João Del Rei; seriam criadas fábricas em todas as regiões importantes do País; o serviço militar seria obrigatório. Chegaram até a escolher uma Bandeira para a nova República e a Abolição dos Escravos não ficou resolvida, mesmo porque muitos dos Conjurados eram ricos e donos de muitos escravos. Como se pode notar quase tudo foi tratado, menos a forma de se conseguir fazer o Levante e criar a República.

Nota do Autor: Existem controvérsias quanto à cor que teria o Triângulo da Bandeira. Para alguns autores a cor original seria a verde. A cor vermelha foi adotada por ser considerada como um símbolo maior de todas as revoluções. Julgam alguns, ainda, que a presença do Triângulo representasse uma influência da Maçonaria junto aos Conjurados.

Quanto à forma da Revolta, a primeira perspectiva era de se buscar o apoio do Tenente Coronel Francisco de Paula Freire de Andrade, comandante dos Dragões e cunhado de Álvares Maciel. Aconteceram duas reuniões na casa do Tenente Coronel e parece que tudo teria ficado acertado. Para alguns autores o Tenente Coronel apenas teria fingido a ceder aos anseios dos Conjurados para posteriormente delatá-los. Contra isto temos o fato de que o Tenente Coronel foi um dos condenados à morte.

Conseguido o apoio do segundo homem em comando na região, logo abaixo do Visconde de Barbacena (Luís Antônio Furtado de Mendonça), o novo governador da Capitania, os Conjurados iriam aguardar o dia da Derrama que o Governador iria baixar brevemente. Nesse dia Tiradentes sairia às ruas aos gritos de "*Viva a Liberdade*" e Freire de Andrade acudiria com suas tropas, como que para acalmar a situação. Iriam se dirigir para a casa do Governador prendendo-o e mandando-o de volta para Portugal. Consolidada a Revolta em Minas, mandariam representantes para as Capitanias de São Paulo e Rio de Janeiro, conseguindo suas adesões. Posteriormente a revolta espalhar-se-ia por todo o País.

Existe uma controvérsia sobre a senha que seria usada no dia da Derrama. Segundo alguns historiadores, a primeira reunião dos Conjurados teria sido feita na casa do Padre Carlos de Toledo e Melo quando das festividades do batizado de um filho de Alvarenga Peixoto. Devido a isto a senha seria: "*Hoje é o dia do Batizado!*". A verdade é que qualquer que tenha sido a senha ela nunca foi usada.

Podemos afirmar, a bem da verdade, que a Conjuração Mineira jamais saiu do papel. Acabou sendo denunciada, inicialmente por Joaquim Silvério dos Reis (posteriormente seguido por outros delatores), ao Visconde de Barbacena que imediatamente suspendeu a Derrama, eliminando aquilo que poderia ser o estopim da Revolta.

Silvério dos Reis era um português, militar, fazendeiro e proprietário de lavras, que estava, por causa dos impostos, tremendamente endividado junto à Coroa portuguesa. Este foi o motivo que o levou a juntar-se aos Conjurados. Com a possibilidade de obter ganhos pessoais e o perdão de suas dívidas resolveu-se pela delação de todos os Conjurados.

Consta que outros dois delatores teriam sido: Basílio de Brito Malheiro e Inácio Correia Pamplona. Suspensa a Derrama, em 1789, Barbacena mandou prender todos os envolvidos que foram enviados para o Rio de Janeiro, onde aguardariam o julgamento. Como resultado deste julgamento tivemos diversos condenados à morte, vários condenados a degredo perpétuo, outros condenados ao exílio por dez anos e alguns absolvidos.

Dentre os condenados à morte, apenas Tiradentes sofreu a pena capital, morrendo na forca em vinte e um de abril de 1792. Todos os demais condenados receberam o indulto de Dona Maria I.

JOAQUIM JOSÉ DA SILVA XAVIER – O TIRADENTES:

Não iremos traçar uma biografia de Tiradentes, por dois motivos principais. O primeiro é o fato de que muito papel já foi gasto no trabalho de biografar o considerado "Mártir da Inconfidência", e o segundo é a dificuldade que teremos para encontrar caminhos corretos que nos levem a uma biografia que esteja próxima da verdade. Levando-se em consideração o tempo já decorrido, desde a sua morte até hoje, fica muito difícil encontrarmos uma documentação digna de crédito para que possamos usar. A esse respeito nos ensina o falecido Irmão José Castellani:

> *A única documentação realmente válida para o estudo da conjura é representada pelos autos da devassa, cujos originais estão na Biblioteca Nacional, tendo sido enfeixados em sete volumes de uma publicação do Ministério da Educação, em 1936. Fora disto, só depoimentos orais dos contemporâneos do movimento, coletados por historiógrafos, que se ocuparam do assunto, nos anos seguintes do movimento, depoimentos cuja fidedignidade não pode ser comprovada.* [4](sic)

---

[4] CASTELLANI, José. *Tiradentes – in* Consultório Maçônico – Volume 2. 1ª Edição. Londrina: Editora Maçônica "A TROLHA Ltda." 1987.

Tiradentes teria nascido na Fazenda Pombal, nas proximidades de São João Del Rei em Minas Gerais, por volta de 1746, filho do português Domingos da Silva Santos e da brasileira Antônia da Encarnação Xavier. Foi batizado com o nome de Joaquim José da Silva Xavier, tendo como padrinho o dentista Sebastião Ferreira Leitão, com quem passou a viver depois das mortes de sua mãe e seu pai. Ali fez seus primeiros estudos e aprendeu um pouco da arte da extração de dentes e da colocação de próteses, além de fazer curativos. Isto lhe valeu o apelido de Tiradentes.

Estas habilidades lhe valeram as primeiras oportunidades de trabalho, mas seu espírito aventureiro e grande ambição não lhe permitiram ficar nestas simples atividades. Meteu-se em um negócio de transporte de mercadorias adquirindo uma tropa de mulas. Depois de algumas enrascadas foi obrigado a vender sua tropa e, por assim dizer, o negócio deu com os *"burros n'água"*. Depois partiu para o ramo da mineração, mas também não conseguiu descobrir ouro havendo, no entanto, aprendido bastante coisa a respeito.

> *Nós não iremos procurar traçar uma biografia, no verdadeiro sentido da palavra, em relação a Tiradentes. Tentaremos mostrar alguns traços gerais de sua vida e de sua personalidade, procurando mantermo-nos na maior imparcialidade possível. Tanto dentro da Maçonaria, como fora dela, iremos encontrar autores dotados de enorme dose de ufanismo que procuram engrandecer a figura de Tiradentes, enaltecendo suas qualidades e virtudes e procurando encobrir seus defeitos. Alguns chegam, mesmo, a criar fantasias e lendas a respeito do chamado Mártir da Independência. Por outro lado, existem outros que procuram ver nele só os defeitos e acabam por concluir que, na verdade, ele não fez tudo aquilo que geralmente lhe é atribuído.* [5]

Diante destas adversidades Tiradentes começou a passar por

---

[5] CORTEZ, Joaquim Roberto Pinto. *Maçonaria – Origens – Teoria e Prática*. 1ª. Edição. Londrina: Editora Maçônica "A TROLHA" Ltda., 2005.

algumas dificuldades financeiras, fato que o fez assentar praça na 6ª Companhia de Dragões da Capitania de Minas Gerais. Talvez pelo fato de ser branco e filho de português, pôde entrar como Alferes, um cargo de oficial que corresponderia a um segundo tenente atualmente.

Ele era considerado um mazombo, isto é, um filho de europeus nascido no Brasil Colonial, segundo a definição do Dicionário Michaelis. Como os lusitanos só confiavam em portugueses natos, o fato de ser nascido na Colônia provavelmente tenha pesado contra ele, pois foi preterido na promoção a Capitão por quatro vezes. O fato de ser sido um mazombo levou a muitos autores de renome em nossa Maçonaria a ***considerá-lo como um Maçom.*** (Grifo do Autor)

Desgostoso com sua preterição, pediu um afastamento por um ano da Cavalaria, indo morar no Rio de Janeiro, onde traçou mirabolantes planos e entrou em contato com Álvares Maciel, recém-chegado da Europa, com quem teria adquirido os conhecimentos de toda a nova ideologia de Liberdade. Além disso, ele via sua terra sendo esbulhada pela Metrópole que não tinha o menor interesse pela Colônia. A chegada de Cunha Menezes com quem teve algumas desavenças, aliada à declaração da Independência dos Estados Unidos, foi a gota que faltava. Tiradentes colocou-se fortemente na oposição aos portugueses e isto o levou a entrar com todas as forças que tinha na Conjuração Mineira.

Outra vez vamos nos ater às palavras da Professora Nícia Vilela Luz fazendo uma ótima interpretação da personalidade inquieta de nosso Mártir da Inconfidência:

> *Espírito vivo e empreendedor, não se conformava com sua posição modesta e procurava fortuna e projeção social. Havia sido mascate e, em 1781, alistou-se na tropa da Capitania de Minas Gerais. Apesar dos serviços prestados e das comissões de responsabilidade que lhe foram confiadas, Tiradentes, na sua carreira militar só atingiu o posto de alferes, sendo sempre preterido*

> *nas promoções. Feio, de olhos esbugalhados, desprezado pelos poderosos, objeto muitas vezes de riso de seus conterrâneos, não tendo mesmo "compadres" que lhe dispensassem proteção, via desvanecerem-se seus sonhos de glória. Tentou fortuna na mineração, chegando a adquirir uma pequena propriedade e quatro escravos. A empresa só lhe trouxera dívidas. Não lhe faltavam, pois, motivos de insatisfação e já sob o governo de Cunha Meneses manifestava publicamente o seu descontentamento em relação à administração portuguesa.* [6] (sic)

O papel de Tiradentes tem sido altamente destacado por autores ufanistas, colocando-o como o principal articulador do movimento, o que para a grande maioria dos autores não se coaduna com a verdade. Nós também não concordamos com esse aspecto. Tiradentes era um homem de modestas posses e pequenos estudos, assim sendo não poderia exercer influência sobre homens letrados e ricos como Cláudio Manuel da Costa, Tomás Antônio Gonzaga ou Alvarenga Peixoto. Na área militar era um simples Alferes, posição subalterna e subordinada ao Tenente Coronel Francisco de Paula Freire de Andrade. Parece que seu trabalho ficou restrito à divulgação da Revolta que seria feita e dos ideais de Liberdade, entre a população de Minas Gerais.

Para isso, suas contínuas andanças pela região facilitavam todo o trabalho. Estava encarregado de sair, no dia da Derrama, alertando o povo de Vila Rica que a Conjuração iria ocorrer naquele dia. Parece que deveria fazer parte do grupo encarregado de aprisionar o Visconde de Barbacena. Acredito que sua participação não teria ido muito além disso.

ASPECTOS FINAIS DA CONJURAÇÃO:

Os prisioneiros foram submetidos a um período de prisão que

---

6 LUZ, Nícia Vilela da. Obra citada.

durou quase três anos durante o qual foram submetidos a privações e constantes interrogatórios. Durante este período os Conjurados, um a um, foram fraquejando e acusando-se mutuamente. Cláudio Manuel da Costa morreu na prisão. Tiradentes, depois do terceiro interrogatório, resolveu assumir toda a culpa, como sendo o único responsável pelo Levante. A sentença foi pronunciada em 18 de abril de 1792. Tiradentes, o único que não teve a pena comutada, foi conduzido à forca no dia 21 de abril de 1792.

Um pequeno extrato da pena de Tiradentes é digno de nota:

> *...a que, com baraço e pregão, seja conduzido pelas ruas públicas ao lugar da forca e nela morra morte natural e para sempre, e que depois de morto lhe seja cortada a cabeça e levada a Vila Rica, onde em o lugar mais público dela será pregada...*

Aqui cabe uma simples observação: ***Vocês já viram um enforcado morrer de morte natural e para sempre*?** Ora, ora... Pois, pois... Quanto à cabeça de Tiradentes, ela foi levada para Vila Rica e espetada em um poste bem alto. No entanto, quase que imediatamente desapareceu e nunca mais se soube de seu paradeiro. Seus braços e pernas ficaram expostos pelos caminhos de Vila Rica onde Tiradentes teria feito suas pregações; o resto de seu corpo foi sepultado como indigente.

Durante todo o período Colonial e também durante o Primeiro e o Segundo Império, Tiradentes se manteve à margem da História como um personagem que devesse ficar totalmente marginalizado e esquecido. Devemos lembrar que ele fora enforcado durante o Período Colonial, por conspirar contra Portugal e a sentença proferida pela Rainha Dona Maria I, avó e bisavó de nossos dois Imperadores, Dom Pedro I e Dom Pedro II.

Foi somente depois da Proclamação da República, quando se procurou encontrar a figura de um Herói, que Tiradentes foi relembrado. Portanto, deste fato resultaram diversas mistificações em sua Biografia. A sua imagem à beira do cadafalso, vestindo um camisolão branco e longa barba, assemelhada à imagem de Jesus Cristo nada tem a ver com a realidade.

Finalmente vamos lembrar que Tiradentes foi consagrado "*Herói Nacional*" pela República, sendo que o dia de sua morte, vinte e um de abril, é um feriado nacional. A Lei N.º 4.897, de 09 de dezembro de 1965, declarou-o "*Patrono Cívico da Nação Brasileira*". Tiradentes é, ainda, considerado Patrono das Polícias Militares.

TIRADENTES MAÇOM?

Sua Biografia profana foi bastante modificada com a finalidade de apresentá-lo ao povo como um herói nacional. Dentro da Maçonaria ocorreu a mesma coisa.

TIRADENTES
Como seria sua real aparência

A figura ao lado é uma concepção artística de como seria a real aparência do "Mártir da Inconfidência". Sabemos que como militar era-lhe permitido, no máximo o uso de um pequeno bigode e nada de longas barbas ou cabeleiras.

A questão de Tiradentes haver sido Maçom tem produzido acalorados debates entre duas correntes. Existe um grupo de Irmãos, bem menor logicamente, que defende com unhas e dentes a tese de Tiradentes – Maçom, enquanto que outro grupo não compactua com esta tese. Inúmeras dúvidas foram suscitadas e os autores do primeiro grupo procuram por todos os meios encontrar justificativas para as suas ***"VERDADES"***, não se importando em deturpar ou mesmo inventar fatos. (Grifo do Autor)

Um dos primeiros Maçons a tratar do assunto foi o Irmão Mário Behring (ex-Grão-Mestre do GOB), com base na perspectiva de que Álvares Maciel teria sido Maçom e que com outros Irmãos havia fundado uma Loja Maçônica em Vila Rica onde Tiradentes teria sido Iniciado, escreveu um trabalho sobre o assunto e publicado mais recentemente pela Revista Maçônica "A TROLHA" Nº 114. São suas palavras textuais, devidamente corrigidas pela nova ortografia:

> *É uma simples hipótese, esta que lançamos hoje – 21 de abril de 1905 – aguardando os resultados das buscas mandadas fazer em França, graças à gentileza de um Irmão daquele País.* (sic)

Quanto a essa possibilidade nós não vamos nem comentar, pois não existe nada que possa nos permitir, sequer, pensar no fato. Uma Loja Maçônica no Brasil e, ainda mais, em Vila Rica, antes de 1789! Ora... ora...

Mais recentemente o Irmão Algi Tenório Albuquerque criou o mito de Tiradentes, um Herói Maçom e o incluiu em seus livros, sem cercar-se de uma documentação comprobatória. Na verdade, ele precisava vender os seus livros e inventou todo um romance relativo à presença da Maçonaria em Minas Gerais e de Tiradentes – Maçom. O Irmão Kurt Prober o fulmina com a seguinte posição:

> *Lastimavelmente Tenório logo depois vira a casaca, pois precisava escrever, fosse o que fosse, para sustentar a família, e não havendo "maçom" que ANTES DELE houvesse escrito sobre TIRADENTES-MAÇOM... ele na realidade não precisava acreditar em ninguém, e podendo inventar as suas estórias, a seu bel-prazer, para agradar os mineiros e principalmente o "Grande Oriente Estadual TIRADENTES de Minas Gerais", que em 17.05.1953 foi fundado em Belo Horizonte (MG) à Rua Gonçalves Dias, 782.* [7] (sic)

---

[7] PROBER, Kurt. *Tiradentes. in* CASTELLANI, José. *Consultório Maçônico.* 1ª ed. Londrina: "A TROLHA", P. 173-189, 1987. V. 2.

Neste caso, a celeuma toda em torno da Iniciação de Tiradentes ocorreu porque o historiador e político Joaquim Norberto de Souza e Silva escreveu um livro denominado "Memórias do Distrito Diamantino da Comarca de Serro Frio", que, em termos de Maçonaria, apresenta um conjunto de inverdades, alegando inclusive que Tiradentes teria sido Iniciado na Bahia e, talvez, fundado uma Loja Maçônica neste Distrito de Diamantino.

Nós não precisamos nem ir muito longe: a pretensa primeira Loja Maçônica criada no Brasil, a Loja "Cavaleiros da Luz", na Bahia, teria sido fundada em 1797. A esta altura Tiradentes já fora executado há cinco anos. Quanto à Loja "Cavaleiros da Luz", voltaremos ao assunto em um Capítulo posterior.

A partir do momento que temos dúvida da existência de uma Loja Maçônica no Brasil antes de 1800, mesmo porque não existe nenhum documento confiável e relativo à sua existência, fica impossível acreditarmos no fato de que Tiradentes teria sido Iniciado em uma Loja qualquer.

Derrubada esta possibilidade, os ***Inventores*** saíram com outra ideia: Tiradentes fora Iniciado Maçom, por comunicação, através de Álvares Maciel. Todos nós sabemos que a prerrogativa de iniciar um Maçom dessa forma, que normalmente é dita "À Vista", é exclusiva de Grão-Mestres, e Maciel, acreditando-se que tenha sido Maçom, esteve muito longe de ser um deles. **Portanto, essa nova hipótese é absurdamente inviável!** (Grifos do Autor)

A partir do momento em que, aparentemente, não existe uma possibilidade de Tiradentes haver sido Iniciado no Brasil, passou-se a ideia de que sua Iniciação teria ocorrido na Europa. Um dos principais defensores da ideia é o renomado Irmão Mário Name, que em um trabalho publicado na Revista Maçônica "A TROLHA" de Nº 100 – Fevereiro de 1995, que apresenta esta ideia, mostrando, inclusive, um documento que seria a comprovação de sua entrada em Portugal, no dia 04 de setembro de 1797. É de se lamentar que o fac-símile publicado apresente letras muito pequenas que quase nada permitem identificar, em relação à presença de Tiradentes na Corte portuguesa.

Com muito esforço, aparentemente conseguimos ler que, após o nome de Joaquim José da Silva Xavier, está escrito: "Licença por hum anno". Na verdade o documento mostrado mais parece uma relação de despachos concedidos e não um relatório de entrada. Verificando-se as datas constantes das Licenças de Tiradentes e levando-se em consideração o tempo de demora da viagem entre Brasil e Portugal, principalmente em virtude dos meios de transporte existentes na época, torna-se quase que impossível acreditarmos que Tiradentes tirou uma licença nas tropas da Cavalaria de Minas Gerais, foi a Portugal e lá recebeu a Iniciação e voltou. Isso sem contarmos que todo o processo iniciático demora certo tempo para ser preparado. Em conclusão: Tiradentes também não foi Iniciado na Europa.

Até encontrarmos uma documentação digna de fé e que comprove a Iniciação de Tiradentes continuaremos a afirmar que Tiradentes nunca chegou perto de uma Loja Maçônica e muito menos foi um Iniciado. Para complementar, o falecido Irmão José Castellani nos diz:

> *Enfim, não existem provas válidas e baseadas em documentos idôneos de que Tiradentes (e demais revoltosos com exceção daqueles iniciados na Europa) tenha sido Maçom. O que existe é especulação, é o perigoso terreno das hipóteses, é a distorção dos fatos e palavras, é a facciosidade.* [8](sic)

---

[8] CASTELLANI, José. Obra citada.

11° CAPÍTULO

A CONJURAÇÃO BAIANA E A MAÇONARIA

Este é um episódio que recebe muito pouca atenção por parte de nossos Historiadores, mas nem por isso ele deixa de ser importante. Sim, aqui podemos sentir, pela primeira vez, a presença, talvez não da Maçonaria em si, mas, possivelmente, de alguns Irmãos verdadeiramente Iniciados. Esta é uma posição quase que geral, entre todos os que se dedicam a estudar o assunto.

Para nós vai importar que, oficialmente, a França estivesse tentando introduzir as ideias liberais no Brasil, produzindo, como consequência, uma divisão interna, para se apropriar de algumas áreas brasileiras especialmente na Amazônia. O centro deste trabalho teria sido a cidade de Caiena na Guiana Francesa. Em 1755, descobriu-se que estaria havendo uma conspiração envolvendo nomes de projeção dentro da sociedade paraense visando entregar a Amazônia aos franceses.

O ideário francês que levara à queda da Monarquia em 1789, baseado no lema – *Liberdade – Igualdade e Fraternidade*, atemorizava o governo português. Na Corte portuguesa recebiam o epiteto de os "*abomináveis princípios franceses*" e acreditava-se que seria extremamente perigoso permitir a introdução daquelas ideias consideradas revolucionárias.

> *No ano seguinte, informava-se que estava de partida da França o navio Le Diligent que a pretexto de procurar M. de la Perouse, tinha, na realidade, a missão delegada pela Cercle Social de Paris, de "introduzir nestas colônias estrangeiras" o mesmo espírito de liberdade que reina neste país, e dividir as forças dos soberanos no Novo Mundo".* [1] (sic)

Nota do Autor: A letra M seguida de um ponto é utilizada, habitualmente, na escrita francesa para abreviar a palavra Monsieur.

A bem da verdade é necessário deixarmos claro que quando havia uma ideia de separação em qualquer capitania, imediatamente se pensava na busca da proteção francesa, tal era a constância de sua presença sempre rondando nosso litoral. Portugal exercia constante vigilância no policiamento da área costeira do Brasil, procurando impedir, por todas as formas, que embarcações francesas aportassem em nossas terras.

Apesar de todos os cuidados, aquelas ideias chegaram ao Brasil e, como vimos, influenciaram a Conjuração Mineira. Quanto à participação da Maçonaria naquele movimento permanecem grandes dúvidas ou então se conclui que sua importância foi muito pouca. Já na Conjuração Baiana, também conhecida como "Revolta dos Alfaiates", a participação de nossa Ordem é dada como certa.

Cipriano José Barata de Almeida, médico formado na Universidade de Coimbra em Portugal, é tido como a grande cabeça pensante do movimento. Voltando ao Brasil trouxe os ideais revolucionários consigo. Consta que juntamente com o professor Francisco Muniz Barreto e outros tenham participado de uma Loja Maçônica na Bahia. Aparentemente teria sido o redator do "Manifesto ao Povo Bahiense" onde conclamava a população a aderir à

1 REIS, Arthur Cézar Ferreira. In "*História Geral da Civilização Brasileira*". Tomo I. 2º Volume. São Paulo: Difusão Europeia do Livro, 2ª Edição, 1968.

Cipriano Barata

Revolução. Terminou sendo preso pela repressão que se seguiu ao movimento, mas acabou sendo absolvido. Envolveu-se, também, na Revolução Pernambucana.

Existe uma corrente de autores que afirma peremptoriamente que a primeira Loja Maçônica fundada no Brasil recebeu a denominação de *"Cavaleiros da Luz"* e teria sido fundada na localidade da Barra em Salvador, na Bahia, em 1797. A verdadeira fundação desta Loja, na verdade, teria ocorrido a bordo da fragata francesa *"La Preneuse"*, que estaria fundeada em Salvador e sob a presidência de M. Larcher. Alguns autores acreditam, ainda, que realmente ela teria sido fundada, sob a presidência de M. Larcher, mas a bordo da nau portuguesa Boa Viagem. De qualquer forma teria sido fundada a bordo de uma embarcação e depois transferida para terra firme.

Estas crenças foram geradas pelos escritos de Borges de Barros, publicados no Volume XV dos Anais do Arquivo Público da Bahia, em 1928, onde ele afirma haver aportado em Salvador a fragata francesa "La Preneuse", comandada por certo Capitão Larcher que logo passou a ser alvo de frequentes visitas de homens mais esclarecidos. Destas reuniões teria ocorrido a fundação da Loja "Cavaleiros da Luz" no dia 14 de julho de 1797. A data dada como de sua fundação, apesar de que possa não ser verdadeira, é bem sugestiva.

Estes escritos, com base na posição do escritor e que lhe dava credibilidade, levaram alguns autores de renome como José Castellani e Frederico Guilherme Costa darem como certas estas informações.

Posteriormente surgiram inúmeras dúvidas quanto à veracidade dos fatos, havendo mesmo a contestação da presença daquela fragata francesa em águas baianas. A presença de M. Larcher na Bahia também é dada como ele ter sido embarcado na nau lusitana Boa Viagem e que teria viajado de volta para a França em 02.01.1797. Acreditamos que dificilmente uma embarcação francesa poderia ter aportado em Salvador em virtude da severa vigilância portuguesa. Por outro lado, a presença de M. Larcher a bordo da nau Boa Viagem teria sido possível e sua participação na fundação daquela Loja é viável porque poderia haver um engano quanto às datas apresentadas. Posteriormente o próprio Castellani afirma que dificilmente aquela fundação teria acontecido e o Irmão Raimundo Rodrigues nega a existência daquela Loja.

> *Manuel Joaquim de Menezes, em sua obra "Exposição Histórica da Maçonaria no Brasil", nos informa que as Lojas Maçônicas no Brasil datam dos últimos tempos do regime colonial e antecederam mesmo a vinda da Família Real. Diz-nos, ainda, que umas eram filiadas ao Grande Oriente de França, outras, ao Lusitano e outras, ainda eram independentes. Isto parece confirmar a data de 1801 para a Loja "Reunião" no Rio de Janeiro e de 1802 para a Loja "Virtude e Razão" na Bahia...* [2]

Apesar de que se possa aceitar a participação de pessoas pertencentes à elite baiana e, também, a participação da Ordem Maçônica na ideologia da Conjuração Baiana que teve um caráter puramente separatista, é líquido e certo que ela teve muito mais

---

[2] CORTEZ. Joaquim Roberto Pinto. *"Fundamentos da Maçonaria"*. 1ª Edição. São Paulo: Madras Editora. 2001.

a participação das classes mais baixas da população representada por alfaiates, sapateiros, ourives, escravos e ex-escravos. Tanto é que ela é denominada também de "Revolta dos Alfaiates". Esta revolta, de forma diferente da Conjuração Mineira, teve um caráter essencialmente popular. Defendiam a Independência sob forma de governo republicano e democrático, bem como a abolição total da escravatura. Previam liberdades plenas para toda a população, a abertura dos portos para o livre-comércio internacional.

A imagem ao lado, obtida via Internet, mostra como teria sido uma reunião da Loja. Pelo que podemos observar, poderia ser qualquer coisa menos uma reunião maçônica nos moldes atuais.

Reunião da Loja "Cavaleiros da Luz" em Salvador na Bahia – 1797

Entre as causas que levaram à deflagração do movimento, é claro, estavam na chegada dos ideais franceses e também na proclamação da Independência dos Estados Unidos, pouco importando suas origens: se vindas através da duvidosa existência da Loja "Cavaleiros da Luz" ou, simplesmente, das ideias dos membros da elite da sociedade baiana que preconizavam ainda a diminuição dos impostos e o aumento dos salários de forma geral.

A transferência da Capital para o Rio de Janeiro ocorrida em 1763 trouxe inúmeros prejuízos para Salvador. A cidade, além da perda do privilégio de ser a Capital, ainda viu os recursos recebidos serem reduzidos. Os aumentos de impostos e das exigências coloniais oneravam, de forma bastante acentuada, a população local e faziam com que suas condições de vida se tornassem cada vez mais precárias.

Com a situação piorando dia a dia, mais ampliavam-se as queixas contra o governo, que com sua forte taxação conseguia aumentar o custo das mercadorias essenciais causando um desabastecimento geral. Comenta-se que a população chegou a invadir os açougues em busca da carne que faltava. Esse clima de revolta acabou por contaminar a soldadesca aquartelada em Salvador. Daí para o início da Conjuração foi apenas um pequeno passo.

Forma que teria a Bandeira da Conjuração dos Alfaiates.
Mesmas cores da Bandeira atual

Como na Conjuração Mineira os Revoltosos chegaram a escolher uma Bandeira na forma representada acima. Contava com três faixas verticais: duas laterais em tom de azul e a central em branco. Notem-se as estrelas de cinco pontas, tradicional Símbolo maçônico e, ainda mais em vermelho a cor das revoluções.

Apesar de que os aspectos econômicos acima descritos tenham sido uma das causas da Conjuração, esta opinião não é uma unanimidade.

> *A velha capitania perdera, com o deslocamento da sede do Governo Geral para o Rio de Janeiro, a importância política que desfrutara desde Tomé de Souza. No particular de seu desenvolvimento urbano, demográfico e econômico, não se registrara, no entanto, uma perda sensível. Ao contrário, a cidade crescia sob*

> *qualquer daqueles ângulos num desenvolvimento ponderável. As relações mercantis com o Reino processavam-se incessante e vigorosamente.* [3] (sic)

No dia 12 de agosto de 1798 apareceu, colada em postes e distribuída nas portas das igrejas de Salvador, uma série de panfletos manuscritos, que convocava o povo em geral para a rebelião que estava próxima a eclodir e que estaria marcada para o dia 26 daquele mesmo mês. As autoridades portuguesas, alertadas pelos escritos, partiram em busca de seus autores, conseguindo prender o soldado Luís Gonzaga das Virgens como seu pretenso autor.

Posteriormente, através de diversas denúncias chegaram a muitos outros Conjurados. Centenas de pessoas foram denunciadas e entre elas podemos encontrar militares, funcionários públicos, clérigos, profissionais liberais, além de uma grande quantidade de pessoas das classes sociais menos abastadas. Cerca de quarenta e nove foram presos e submetidos a julgamento.

Dentre os prisioneiros estavam diversos membros da alta sociedade baiana. Estes envolvidos, quando dos julgamentos, foram absolvidos ou condenados a penas consideradas leves. No entanto, os membros das classes mais baixas, além de sofrerem torturas, foram condenados a severas penas e cinco deles condenados ao enforcamento.

No dia 08 de novembro de 1799 procedeu-se à execução dos condenados e foram enforcados na seguinte ordem: 1° – Soldado Lucas Dantas do Amorim Torres- 2° – Aprendiz de Alfaiate Manuel Faustino dos Santos Lira – 3° – Soldado Luiz Gonzaga das Virgens e 4° – Mestre Alfaiate – João de Deus Nascimento. Um ourives, que seria o 5° condenado, conseguiu evadir-se e nunca mais foi encontrado. Além de enforcados tiveram partes de seus corpos cortadas

---

3 REIS, Arthur Cézar Ferreira. Obra citada.

e expostas em lugares públicos dentro da cidade de Salvador para assim servirem de exemplo a todos os demais que tivessem a pretensão de se revoltar contra a Coroa Portuguesa.

As demais penas foram de degredo perpétuo, a banimento temporário por prazos variados e, também, a uma quantidade variável de chibatadas a serem executadas em público no Pelourinho. Os Tenentes Hermógenes Francisco de Aguilar Pantoja e José Gomes de Oliveira Borges, aparentemente os líderes militares do movimento, permaneceram detidos por seis meses em Salvador, enquanto que Cipriano Barata, preso em setembro de 1798, foi inocentado e libertado em janeiro de 1800.

Apesar de não haver conseguido seus objetivos, a Conjuração Baiana plantou sementes fecundas no caminho da Independência do Brasil. A libertação dos escravos e a República, que eram também objetivos dos revoltosos, criaram raízes e se aprofundaram na alma dos brasileiros e acabaram por produzir seus frutos nos tempos que estavam chegando como nós o bem sabemos.

12° CAPÍTULO

AS SOCIEDADES SECRETAS

Inicialmente devemos distinguir a existência de Sociedades Secretas ditas Iniciáticas e outras ditas Criminosas, como a Máfia Siciliana, a Ku Klux Klan Norte-Americana ou os Cartéis do Narcotráfico Sul-Americano, entre outras.

De acordo com um conceito unânime entre os estudiosos, as Sociedades Secretas são quase tão antigas quanto a Humanidade. Podemos encontrar traços delas nos antigos Impérios Mesopotâmicos ou no Egípcio ou ainda no Persa. Claro está que estas primitivas sociedades buscavam adquirir conhecimentos considerados ocultos para utilizá-los com a finalidade política. Deve ficar bem entendido que as primeiras Sociedades Secretas criadas dentro desta filosofia tinham seus fundamentos calcados nas Religiões.

A partir do momento em que começam a aparecer as chamadas Sociedades Iniciáticas, os aspectos religiosos vão sendo deixados de lado. Surge uma nova filosofia que propõe produzir melhorias em todos os seus adeptos e, através deles, na Humanidade. Em nosso modo de ver, estas Sociedades têm a pretensão de colocar os Iniciados no verdadeiro *"Caminho"* ou no *"Início"*, daí serem ditas Iniciáticas.

Na Mesopotâmia, onde floresceram os Impérios Babilônicos,

o relacionamento das Sociedades Secretas com a magia pode ser sentido desde o Terceiro Milênio antes de Cristo. O desenvolvimento da Astrologia criou toda uma série de práticas mágicas que levaram a processos de adivinhação de acordo com a posição dos astros. Gostaríamos de lembrar que, apesar da constante presença da Astrologia em nossa cultura, através dos Horóscopos, tais procedimentos não têm nenhuma base científica.

Dentre as primeiras Sociedades Iniciáticas, nenhuma ganhou maior projeção do que a Ordem dos Pobres Cavaleiros de Cristo e do Templo de Salomão, conhecidos simplesmente por Templários.

Cavaleiros Templários

Não iremos discorrer sobre os Templários, pois o assunto já é sobejamente conhecido por todos e, nós mesmos, já o tratamos em outros estudos. Estamos apenas citando-os para que sirvam de exemplo de uma Sociedade Secreta que, depois de todas as peripécias que a levaram ao seu brutal extermínio e desaparecimento, continua mais misteriosa ainda, exercendo grande fascinação quando se fala em procura de seus ricos tesouros ou ainda na busca do "Santo Graal" do qual ela teria sido a última guardiã.

> *A Ordem, é verdade, era tremendamente rica – fortuna que não é estranha à sua ruína – e, se seus bens fundiários e imobiliários foram transferidos para a Ordem rival dos Hospitalários, não foi encontrado tesouro algum em suas comendadorias. Advertidos do complô que se tramava contra eles teriam podido fugir para pôr esse tesouro em lugar seguro? Muitos escavam ainda... Esperavam encontrá-lo em Chinon, onde foram detidos dignitários da ordem, na região de Auvergne, na floresta do leste, na região de Champagne, na Inglaterra... Não seria o tesouro dos Templários que o Padre Saunières, pároco de Rennes-le-Château, que se tornou, repentinamente rico, teria descoberto em 1886?* [1](sic)

O assunto, ainda hoje, é extremamente palpitante e foi muito bem explorado, inclusive, por Don Brown em seu Best-Seller "O Código Da Vinci".

As Sociedades Secretas têm no mistério o seu grande poder de atração. A Ordem dos Templários manteve suas atividades sob o mais completo sigilo e esta foi a causa de sua ruína. A Igreja não aceitando os bem guardados segredos Templários e movida por imensa cobiça, aliou-se ao poder temporal dos Reis para pôr fim na Ordem. Apesar do fim da Ordem, as ideias e os sentimentos Templários continuaram a existir e hoje, cerca de seis séculos depois, ainda existem grupos que se dizem possuidores e continuadores das obras e dos segredos dos Templários.

A AÇÃO DAS SOCIEDADES SECRETAS NO BRASIL:

Para falarmos da ação das Sociedades Secretas no Brasil temos que nos ater, quase que exclusivamente ao século XIX, quando

---

[1] SIGNIER, Jean François. *Sociedades Secretas*. Vol. II. São Paulo: Larousse do Brasil Participações Ltda. 1ª Edição, 2011.

nosso País passou por uma série de convulsões políticas, geradas pelo processo da Independência, da árdua luta pela libertação dos escravos e por fim do movimento que levou à Proclamação da República. Durante todo este período vamos notar a presença de três Sociedades Secretas bastante importantes: a "*Bucha*", o "*Apostolado*" e a "*Maçonaria*". Vamos tentar mostrar um pouco de suas atuações nesta mesma ordem em que aqui foram colocadas, não importando disto, qualquer prioridade temporal ou qualitativa.

A BUCHA:

A Bucha pode ser considerada uma Sociedade Secreta eminentemente paulista. Apesar disto, exerceu uma forte influência nos destinos políticos brasileiros desde seu aparecimento junto à Faculdade de Direito do Largo São Francisco, até 1930, com o advento da ditadura de Getúlio Vargas.

Para alguns autores ela sobreviveu à ditadura vivendo secretamente durante mais algum tempo. A sobrevivência, no entanto, está muito obscura e mal documentada, não se sabendo, com certeza, até quando perdurou.

Sua importância realmente foi tão marcante que pelo menos duas obras são a ela dedicadas. A mais importante – o que se deve ao Ilustre Maçom Luiz Gonzaga da Rocha –, denominada "A Bucha e Outras Reminiscências Maçônicas" (Editora Maçônica "A TROLHA" - 1ª Edição - Londrina - PR - 1999.), é de leitura obrigatória para quem quiser se aprofundar bastante no estudo. A outra é devida ao historiador Pedro Brasil Bandechi, sendo intitulada "A Bucha, a Maçonaria e o Espírito Liberal" (Editora Prisma - 1ª Edição - São Paulo - SP - 1982).

A Faculdade de Direito do Largo São Francisco foi criada por D. Pedro I, por Lei Imperial de 11 de agosto de 1827. Seu primeiro nome foi Academia de Direito de São Paulo, fazendo parte, desde

1934, da Universidade de São Paulo, e foi a primeira Faculdade de Direito instalada no Brasil, logo seguida pela de Recife, também criada pelo nosso 1º Imperador. Hoje ela é reconhecida internacionalmente como um importante centro de ensino jurídico, sendo considerada a melhor Instituição que ministra os ensinamentos do Direito no Brasil.

Inicialmente fora criada para formar administradores para o serviço público do Império e acabou sendo a peça mais importante para a sua consolidação. A entidade foi criada e instalada em um claustro do antigo Convento Franciscano, no largo São Francisco, em São Paulo – SP, daí sua denominação. Muitas vezes é chamada, simplesmente, de as *"Arcadas"*. Sob suas arcadas passaram nomes ilustres do cenário nacional, tais como os ex-presidentes da República Prudente de Moraes, Campos Salles, Rodrigues Alves e Jânio Quadros, como também os Governadores de São Paulo Washington Luiz, Júlio Prestes, Pedro de Toledo e Franco Montoro.

Outros diversos nomes famosos passaram por suas salas de aula. Só para citar alguns, vamos lembrar de Joaquim Nabuco, Rui Barbosa, Pinheiro Machado, Barão do Rio Branco, Ulisses Guimarães, Álvares de Azevedo, Castro Alves, Fagundes Varela, José de Alencar, Monteiro Lobato, Olavo Bilac, Paulo Autran, Juca de Oliveira entre centenas de outros nomes importantes. A simples citação deste pequeno conjunto de nomes nos dá uma ideia segura da grande importância desta Faculdade na vida política brasileira.

A Bucha Paulista, como ficou conhecida, ou, mais simplesmente B.P., foi formada com a participação de estudantes da Faculdade do Largo de São Francisco, especialmente aqueles que já pertenciam à Maçonaria, ficando bem clara a ligação entre as duas Sociedades Secretas.

Consta que a Bucha foi fundada por Júlio Frank, um estudante alemão que se envolvera em confusões na Universidade de Göttingen e fugira para o Brasil. Radicou-se inicialmente nas proximidades de Sorocaba, na atual Iperó, onde havia uma colônia de imigrantes alemães trabalhando em uma usina de ferro. Posteriormente, seguiu para Sorocaba onde passou a dar aulas particulares para aqueles que pretendiam ingressar no Curso Anexo, espécie de preparatório para a Faculdade de Direito. Passando a residir em São Paulo, continuou dando aulas nas repúblicas estudantis existentes, até ser nomeado professor de História e Geografia do Curso Anexo.

Ao lado, a foto do túmulo de Júlio Frank o fundador da Bucha (Burschenschaft Paulista) em um dos pátios internos da Faculdade de Direito do Largo São Francisco em São Paulo – SP.

Em virtude de seu contato diário com os estudantes da Faculdade, pois lecionou de 1834 até 1841, ano de sua morte, Júlio Frank criou a Bucha por volta de 1830, inspirada na Burschenschaft (do alemão *bursch*, que significa camarada e *schaft*, confraria), baseada em uma Sociedade Secreta que já existia na Universidade de Göttingen.

Suas ideias liberais e contrárias a regimes absolutistas, inicialmente pretendiam ajudar, discretamente, estudantes promissores, porém sem recursos.

Com o decorrer dos tempos os alunos já formados e que conseguiam galgar posições de prestígio procuravam arrumar colocações para os novos diplomados e assim sucessivamente. Desta forma, os cargos mais importantes dentro do esquema de governo, no período Imperial e na República Velha, eram ocupados, quase que totalmente, por pessoas egressas daquela Faculdade.

Na medida em que os tempos passavam, os ímpetos iniciais perdiam as forças e os princípios de liberalismo, abolicionistas e republicanos iam sendo abandonados, e o organismo governamental passava a ser conduzido por um grupo monarquista, extremamente conservador e escravocrata. Desta forma, todas as mudanças de rumo na política brasileira passaram a ocorrer de forma lenta e gradual.

Depois de constituída a Bucha, como era carinhosamente chamada, Júlio Frank recebeu a incumbência de preparar os seus Estatutos, Regimentos e Código de Honra.

> *Para tanto escreveu para os amigos de Gotha e Goettingen (Gontiga) comunicando sua presença no Brasil, a invejável posição em que se encontrava no meio dos estudantes e invocando auxílio para desincumbir-se da missão que fora incumbido. Pronta, sua proposta para a Bucha Paulistana se assentava em três pontos: prestar assistência aos estudantes carentes e necessitados; manter os alunos que concluíssem o curso na "Sociedade Filantrópica" auxiliando-se mutuamente nas vicissitudes da vida e, por fim,* ***os membros que conquistassem posições e cargos públicos cercar-se-iam de seus camaradas da Bucha.*** [2] (sic)

Nota do autor: Não sei por que tenho a impressão de que já vi a situação que grifei em algum lugar!

Claro está que a partir da filosofia acima, a Bucha extrapolou os limites da Faculdade de Direito, tornando-se um exemplo que foi seguido por outras instituições universitárias de ensino. Assim, no Estado de São Paulo, a Faculdade de Medicina e a Escola Politécnica tiveram organizações similares. Consta que até a Faculdade de

---

[2] ROCHA, Luiz Gonzaga da. Obra já citada no texto.

Direito de Olinda, graças ao constante intercâmbio de estudantes, teve sua organização secreta.

O crescimento da Bucha, ainda seguindo a filosofia acima grifada, ocorreu também fora dos ambientes universitários. Conforme Luiz Gonzaga da Rocha, ela passou a conhecer uma organização distinta, constituída pelo Conselho dos Divinos no topo da Organização e que seriam indivíduos praticamente invisíveis para aqueles que estavam abaixo. Em seguida, havia um grupo dos Chefes Supremos que encerrava o comando da Bucha fora da Faculdade.

Dentro da Faculdade havia o chefe geral representado pela figura do Chaveiro, sempre um aluno do último ano. Abaixo dele havia um grupo denominado de Doze Apóstolos, seguido pelo grupo dos Crentes e, por fim, os Catecúmenos ou Neófitos. Como na Maçonaria, os Candidatos teriam que ser indicados pelos "Bucheiros" e, se aprovados, passar por um ritual de Iniciação, prestando um juramento final em que se obrigava, pela própria honra, a manter segredo absoluto sobre tudo aquilo que ocorresse dentro da Bucha.

A cerimônia de transferência da Chave era realizada anualmente ao final do ano letivo. Neste momento o Chaveiro que estava se formando transferia o comando da Bucha para um aluno que passara para o Quinto Ano. A cerimônia era encerrada com uma grande festa que, geralmente, contava com a participação de altas autoridades, inclusive Presidente da República, Presidente da Província de São Paulo, Prefeito da Capital, isto sem contar inúmeros Ministros e Juízes. O evento era largamente divulgado pelo jornal "*O Estado de S. Paulo*", pertencente a Júlio Mesquita e considerado como órgão oficial da Bucha. Consta que o próprio Júlio Mesquita fora um de seus Chaveiros.

Existe uma história curiosa que teria acontecido no subsolo do prédio que abriga a Pinacoteca do Estado em São Paulo. Consta que um Delegado de Polícia denominado Pamplona, durante o período da Primeira Guerra Mundial, vendo um constante movimento junto às portas daquele prédio e julgando que fossem espiões alemães, determinou que se fizesse uma campana.

Em determinado dia, depois que já haviam chegado e entrado inúmeras pessoas e parado a movimentação, o Delegado Pamplona determinou a invasão do prédio. Lá encontrou uma grande reunião de pessoas encapuzadas e lhes deu ordem de prisão. Para sua surpresa, ao serem retirados os capuzes, reconheceu inúmeras personalidades, inclusive o governador do Estado e o próprio Chefe de Polícia.

A situação inverteu-se totalmente e o delegado com seus seguidores foram forçados a entrarem na Bucha, como sendo esta a única forma da manutenção de seu total sigilo.

Os fatos aqui relatados e os nomes sucintamente citados nos mostram a sua importância no período que vai desde a fundação em 1840 até o advento da ditadura getulista em 1930.

O APOSTOLADO E A MAÇONARIA:

O Apostolado teve uma duração relativamente efêmera e sua atuação só se fez sentir no processo de Independência e nos primeiros momentos do Brasil-Império. Seu nome correto seria "Nobre Ordem dos Cavaleiros da Santa Cruz" e foi instalado no dia 2 de junho de 1822, no período mais efervescente da Campanha da Independência.

O Príncipe Regente participou de sua fundação e por sugestão de José Bonifácio foi eleito presidente com o título de Arconte-Rei. Para José Castellani teria sido montado nos moldes da Carbonária Italiana, entidade que participou, de forma vigorosa, na campanha para a unificação da Itália e que era bem conhecida por Bonifácio. Outros autores dão como criada nos moldes da Maçonaria. De qualquer forma, uma Sociedade Secreta.

A Maçonaria já houvera estabelecido as suas raízes no Brasil e, apesar de muitos historiadores considerarem a possível existência da Loja "Cavaleiros da Luz", na Bahia, a certeza mesmo fica para com a Loja "União", fundada no Rio de Janeiro em 1801 e que, posteriormente, passou a chamar-se "Reunião". Em 1815, surgiu, ainda no Rio de Janeiro, a importante Loja "Comércio e Artes" que se considera e é considerada por inúmeros historiadores como a Loja Primaz do Brasil.

Esta Loja, que tinha a denominação, na época, de "Commercio e Artes na Idade do Ouro", resolveu, em 17 de junho de 1822, dividir-se em três Lojas: a "Comércio e Artes", a "União e Tranquilidade" e a "Esperança de Niterói", dividindo aleatoriamente seus Obreiros entre elas e fundando o Grande Oriente Brasiliano, que teve como primeiro Grão-Mestre José Bonifácio e Gonçalves Ledo como Primeiro Vigilante.

Neste tempestuoso período aflorou uma séria desavença entre Ledo e Bonifácio. Ledo, radical ao extremo, preconizava uma Independência total em relação a Portugal e o Brasil como uma República, a exemplo de outras pequenas repúblicas sul-americanas que estavam libertando-se da Espanha.

Bonifácio, ao contrário, mais conservador, queria a Independência, mas o Brasil sob a forma de uma Monarquia Constitucional, dirigida por Dom Pedro, formando uma espécie de comunidade luso-brasileira. Bonifácio via nesta solução a única forma de manter o Brasil unificado sob um só comando.

A consequência destas divergências foi a constituição de dois grupos que disputavam entre si a prevalência no comando do destino da Nação. Neste caso eles precisariam do apoio total do Príncipe Regente.

Os dois grupos logo trataram de atrair o Regente para seu lado e o primeiro passo foi de Bonifácio, criando o Apostolado, para com a presença de Dom Pedro poder rivalizar-se com a Maçonaria.

José Bonifácio, a princípio, teve algumas desconfianças da

Maçonaria Brasileira. Depois para poder ficar e vigiar de perto Gonçalves Ledo, o grande líder Maçom da época, resolveu por seu ingresso. Com Dom Pedro pertencendo ao Apostolado, Ledo procurou atraí-lo para a Maçonaria, o que conseguiu.

Dom Pedro foi Iniciado, por indicação do próprio José Bonifácio, segundo alguns autores, na Loja Comércio e Artes no dia 02 de agosto de 1822, adotando o nome histórico, como era tradição naquela época, de Guatimozim. Foi elevado a Mestre Maçom no dia 5 de agosto de 1822. O nome escolhido pelo Príncipe lembra o último Imperador Asteca.

Agora estava completo o quadro que colocou o Brasil no caminho da Independência que teve como fatos precedentes e importantes, sempre realizados com a exclusiva participação da Maçonaria, como o famoso *"Dia do Fico"* e a posterior outorga do título de *"Defensor Perpétuo do Brasil"*.

Vistos estes parênteses, necessários para a total compreensão dos fatos, voltamos a falar do Apostolado. Seu corpo principal era denominado Palestra e seus integrantes divididos em quatro classes, a saber: Recrutas, Escudeiros, Cavaleiros e Apóstolos. Como na Maçonaria, passavam por um processo de Iniciação onde faziam um juramento relativo à manutenção dos segredos e total fidelidade à causa de um Brasil independente de Portugal, porém monárquico e constitucional. Adotavam também nomes simbólicos e tratavam-se por Camaradas e utilizavam-se de quatro pontos, sob a forma de cruz, depois de suas assinaturas.

Posteriormente, o Apostolado dividiu-se, também, em três Palestras: "União e Tranquilidade", "Firmeza e Lealdade" e, por incrível que possa parecer, "Independência ou Morte". Note-se que o nome "União e Tranquilidade" também era o nome de uma das três Lojas Maçônicas que constituíram o Grande Oriente Brasiliano. Bonifácio continuou a exercer uma grande influência sobre o Príncipe, através do Apostolado, até que este foi fechado em 1823.

Apesar dos acontecimentos ligados ao Apostolado e à Maçonaria indicarem que o caminho para a Independência estava aberto e a Proclamação próxima, Dom Pedro enfrentava certa oposição em outras Províncias, mais especialmente Minas Gerais e São Paulo, justamente as outras duas mais importantes no Brasil.

Depois de acalmar Minas Gerais, onde foi aclamado pela população, Dom Pedro partiu para São Paulo, onde as coisas estavam em pé de guerra, com a intenção clara de apaziguar os ânimos exaltados. Lembrar que a Província de São Paulo era um claro reduto dos três irmãos Andrada, José Bonifácio, Antônio Carlos e Martim Francisco.

Dom Pedro nomeou Dona Leopoldina como Princesa Regente Interina do Brasil e Chefe do Conselho de Estado, dando-lhe totais poderes para governar o País durante sua ausência no dia 12 de agosto e, logo em seguida, a 14 de agosto partiu para São Paulo.

Chegando a São Paulo, em pouco tempo, conseguiu apaziguar a situação e, segundo alguns historiadores, dirigiu-se a Santos, cidade natal dos Andradas, com a clara intenção de visitar uma de suas amantes, Dona Domitila de Castro Canto e Melo. Quanto à veracidade deste fato, ainda pairam muitas dúvidas em nossa história, mas o fato é que, realmente, D. Pedro foi a Santos.

Em fins de agosto chegaram, vindas de Portugal, notícias alarmantes e que pretendiam reduzir o Brasil à sua antiga condição de Colônia, anulando todos os atos de Dom Pedro, processando alguns Ministros de Estado aqui por ele nomeados, inclusive José Bonifácio.

A Imperatriz Regente convocou o Conselho de Estado, reunião realizada em 02 de setembro de 1822, onde ouviu a fala de Bonifácio, explanando a situação caótica em que ficaria o Brasil se aquelas determinações portuguesas fossem cumpridas e que não mais era possível permanecermos naquela situação. A única solução para salvar o Brasil das mãos de Portugal seria a imediata Proclamação da Independência.

José Bonifácio fez a proposta de que fosse escrita uma carta a Dom Pedro, dando conta das últimas notícias e que sem a menor perda de tempo proclamasse a Independência do Brasil, ali mesmo na Província de São Paulo. É claro que ele estava puxando uma brasa para a sua sardinha, pois era nascido na Província e, assim, asseguraria a primazia de que em terras paulistas, pela primeira vez, se falasse em Brasil Independente.

A proposta foi aceita por todos os Ministros e a Princesa Leopoldina resolveu, de sua parte, aconselhar ao Príncipe que não mais titubeasse e separasse o Brasil definitivamente de Portugal. Este é um assunto bastante importante e voltaremos a ele em um capítulo posterior.

Os emissários Major Antônio Ramos de Cordeiro e Paulo Emílio Bregaro partiram com as cartas e as correspondências portuguesas, encontrando a comitiva de Dom Pedro, em seu retorno de Santos, perto de São Paulo, às margens do regato do Ipiranga. Ao ler as correspondências recebidas, decidiu-se e naquele ato teria dito:

> *"Camaradas! As cortes de Lisboa querem mesmo escravizar o Brasil; cumpre, portanto, declarar já a sua Independência: estamos definitivamente separados de Portugal!"*.

Consta que, ainda montado, desembainhou a espada e teria dado o brado de "Independência ou Morte". Dali partiu rapidamente para São Paulo onde foi recebido sob muitos aplausos e festas. Na madrugada do dia 10 partiu de retorno ao Rio de Janeiro, aonde chegou a 14 de setembro.

O prestígio de José Bonifácio fora mantido e sua influência sobre o Príncipe tornou-se maior ainda. Ele conseguira que a Independência do Brasil fosse feita de forma a se transformar em uma Monarquia Constitucional, como sempre fora a sua pretensão. O sonho de Gonçalves Ledo, em ver o Brasil como uma República, teria de ser adiado ainda por muito tempo.

A ação da Maçonaria em fatos decorridos durante o Brasil Império até a Proclamação da República ainda serão vistos nos Capítulos seguintes.

13° CAPÍTULO

A MAÇONARIA E INQUIETAÇÕES PERNAMBUCANAS

O ALVORECER DA MAÇONARIA EM PERNAMBUCO:

Sem voltarmos ao final do século XVIII e início do século XIX, torna-se muito difícil entendermos a Revolução Pernambucana de 1817 ou a Confederação do Equador de 1824, já em pleno Império. Na verdade, precisaríamos recuar ainda mais no tempo; teríamos que voltar até as origens do Nativismo.

Em Pernambuco se arraigou, mais profundamente, o sentimento de Pátria. A partir do momento em que brasileiros e portugueses foram obrigados a se ombrear aos índios e negros na árdua tarefa da expulsão dos holandeses, o sentimento de nacionalidade, o amor por uma Pátria brasileira, começou a se desenvolver e aprofundar-se no seio da população pernambucana.

Este sentimento de Pátria está na base da criação do famoso Areópago de Itambé, em 1797, pelo padre, médico e grande sábio, Manuel Arruda da Câmara. O Areópago, através de seu fundador, exerceu uma forte influência política e revolucionária dentro da

Capitania. Muitos autores pretendem que o Areópago tenha sido uma organização secreta, pertencente à Ordem Maçônica. Esta suposição, como muitas outras ligadas ao Areópago, não foi bem esclarecida à luz de nossa história, por falta absoluta de documentação.

> *Da sua situação irá surgir o Areópago de Itambé, criado, como afirma Oliveira Lima, "antes de 1800 sob a inspiração e direção do sábio Manuel Arruda da Câmara, que regressara da Europa ao findar o século XVIII". O autor de "D. João VI no Brasil" considera-o como sendo "uma sociedade secreta, política e maçônica no seu espírito, senão no rito, que lhe teria sido posterior". Parece, todavia, que essas sociedades, na época, organizadas em forma de areópagos ou academias, não se enquadravam na estrutura das Lojas Maçônicas. Eram núcleos, necessariamente secretos em face de sua finalidade emancipacionista e da opressão do aparelho repressivo colonial, mas sem apresentarem a configuração específica das organizações maçônicas, tendo uma finalidade clara e precípua, que era a da libertação nacional, a da extinção do colonialismo. Tanto isso se nos afigura real que os europeus eram expurgados de seu seio.* [1](sic)

Em relação a este assunto é bastante recomendável a leitura do livro "Itambé – Berço Histórico da Maçonaria Brasileira", do Irm∴ Assis Carvalho. (Editora Maçônica "A TROLHA" Ltda. – 1ª Edição – Londrina – PR – 1996)

Na esteira da criação do Areópago de Itambé seguiram-se, também, as de algumas Academias Literárias em Pernambuco, como, por exemplo, a do "Paraíso", naturalmente secretas e com aparentes ligações com a Maçonaria.

Em 1801, foi descoberta uma misteriosa conspiração que teria a finalidade de transformar Pernambuco em uma república que seria colocada sob a tutela de Napoleão Bonaparte. As reuniões

---

[1] QUINTAS, Amaro. *In* História Geral da Civilização Brasileira. Tomo II. *O Brasil Monárquico*. São Paulo: Difusão Europeia do Livro, 3ª Edição,1970.

teriam sido realizadas na cidade de Itambé, na residência de Manoel de Arruda Câmara, e em Jaboatão, no Engenho dos Suassuna, propriedade de Francisco de Paula Cavalcanti de Albuquerque.

Denominado de Conspiração do Suassuna, este é mais um episódio obscuro e mal documentado de nossa História. A grande maioria dos autores concorda que ele foi gerado com a participação das Academias Secretas, criadas sob a inspiração do Areópago de Itambé. Na verdade, o movimento não chegou a ser deflagrado, pois uma delação antecipada conseguiu liquidá-lo em suas origens, com a prisão dos principais líderes. Diversos historiadores dizem que o movimento não passou de um conjunto de planos, sem haver atos de rebeldia.

Alguns autores como Francisco Augusto Pereira da Costa pretendem que a Maçonaria Pernambucana tenha sido iniciada a partir de 1801, mas não apoia a sua afirmativa em nenhum documento comprobatório. Faz a colocação, assim por dizer, com base em relatos orais que poderiam existir. Alguns outros vão mais além, colocando o Areópago de Itambé, de 1797, e as Academias Literárias como Lojas Maçônicas. Autores como Kurt Prober e Oliveira Lima não reconhecem a existência das mínimas condições para que estes tipos de Entidades possam ser considerados Maçônicos.

A partir deste campo de pura especulação e levantamento de hipóteses, apareceram algumas referências à existência de Maçons ou Lojas Maçônicas em Pernambuco a partir de 1809, quando teria sido fundada uma Loja Maçônica denominada "Regeneração", de objetivos unicamente políticos. Quanto à existência de Maçons, não acreditamos que possa pairar dúvidas, pois é bem sabida a existência de inúmeros estudantes brasileiros formados nas Universidades portuguesas e francesas, e que lá teriam sido Iniciados, residentes em Pernambuco, como também em outras partes do Brasil. Não podemos, no entanto, generalizar, a partir da existência de alguns Maçons, com a criação de Lojas Maçônicas. São coisas muito diferentes.

A partir de 1812 as informações sobre a existência de Lojas Maçônicas em Pernambuco são muito mais seguras.

> *Somente em 1814 consta o estabelecimento, no Recife, da loja maçônica Patriotismo. Aí chegando, neste ano, vindo de Londres, o negociante Domingos José Martins, natural do Espírito Santo; atribuem-se lhe objetivos também revolucionários disfarçados em comerciais. Visava a criação de feitorias (filiais da Maçonaria) no Maranhão, Ceará, Pernambuco e Bahia. Realmente, esteve no Ceará e foi à Bahia com o capitão Domingos Teotônio Jorge. Em Pernambuco, além daquela primeira loja, funcionavam, em 1816, mais três: Restauração, Pernambuco do Oriente e Pernambuco do Ocidente, as duas últimas respectivamente fundadas por Antônio Gonçalves da Cruz (vulgo Cabugá) e Domingos José Martins. A eles coube, em grande parte, a preparação do levante do ano seguinte, inclusive imprimindo-lhe um caráter nativista, pela expulsão ou segregação dos Maçons portugueses.* [2](sic)

Na verdade, existia, naquela época, um clima de relativa segurança para a Maçonaria e suas Lojas foram se instalando por todas as partes. Nós nos acostumamos a ouvir falar da presença da Maçonaria em diversos movimentos libertários, ocorridos na Colônia a partir da Conjuração Mineira. A visão, quase unânime, dos historiadores reconhece como clara apenas sua presença a partir da Revolução Pernambucana de 1817.

Nessa Revolução coube à Maçonaria a divulgação das ideias de liberdade, o fomento e preparo do Movimento e, por fim, assumir sua direção. Aqui, pela primeira vez, vamos notar que os principais líderes eram Membros ativos das Lojas Maçônicas.

Em conclusão, podemos afirmar que, a partir da criação

---

2 VIANNA, Hélio. *História do Brasil*. São Paulo: Edições Melhoramentos, 9ª Edição,1972.

efetiva daquelas quatro Lojas, criou-se um ambiente conspiratório contra o estado de coisas pelo qual passava a Província e que acabou por desembocar na Revolução Pernambucana de 1817.

AS CAUSAS DA REVOLUÇÃO:

Em primeiro lugar, devemos lembrar que, além da existência de um forte Nativismo, como já procuramos demonstrar, ocorreu em Pernambuco um grande desenvolvimento cultural, devido ao Seminário de Olinda, criado sob a inspiração de Manuel Arruda da Câmara. Este Seminário pode ser considerado como o principal foco de divulgação das ideias liberais. Nele ganharam destaque os Padres João Ribeiro e Miguel Joaquim d'Almeida Castro que acabou conhecido como Padre Miguelinho.

> *Uma elite onde atuavam homens como o Padre João Ribeiro – que chegou a conseguir a transferência de suas aulas de desenho, do Seminário para o pátio do Paraíso, em cuja academia realiza-va a sua pregação revolucionária – de Antônio Carlos Ribeiro de Andrada, Ouvidor-Mor de Olinda, cognominado, pela vastidão de seus conhecimentos, de "Academia Ambulante", – do erudito Padre Miguel Joaquim d'Almeida Castro e, depois de 1814, de Domingos José Martins, espírito-santense educado na Europa e ex-comerciante em Londres, onde conheceu o legendário general venezuelano Francisco Miranda, de cujo clube revolucionário participara e onde sofreu a sua influência doutrinária.* [3](sic)

Por outro lado, a situação econômica de Pernambuco permanecia em processo de deterioração. As condições que haviam gerado o conflito dos Mascates continuavam existindo, com os preços dos produtos da terra sendo cada vez mais aviltados pelos comerciantes portugueses, detentores do monopólio comercial. Como se já não bastasse a desvalorização do preço do açúcar, o algodão também passou a enfrentar a concorrência dos Estados

---

[3] QUINTAS, Amaro. Obra citada.

Unidos, agora independente, que fornecia, a baixos preços, para os habituais compradores ingleses. Mesmo a aguardente, tradicional subproduto da economia açucareira, sofria uma queda em sua produção. Os preços dos produtos importados continuavam altíssimos e o endividamento dos agricultores atingia níveis insuportáveis.

A vinda da Família Real para o Brasil e o seu assentamento na cidade do Rio de Janeiro em nada beneficiou Pernambuco. Os custos desse assentamento foram repassados para as outras Capitanias, sob a forma de novos impostos. Para Pernambuco, com sua economia totalmente exaurida, esse foi mais um forte golpe. Por fim, no ano de 1816, ocorreu uma grande seca que assolou todo o Nordeste, gerando a falta dos produtos de subsistência e, em consequência disso, um enorme aumento em seus preços. A carestia tornou-se totalmente incompatível com os níveis de renda da população da Capitania, gerando um estado geral de insatisfação. Não vamos lembrar aqui as causas externas, já sobejamente demonstradas em capítulos anteriores. Diante deste acúmulo de fatos nada mais lógico que o povo partisse para uma Revolução.

O MOVIMENTO REVOLUCIONÁRIO:

A Capitania de Pernambuco era dirigida, desde 1804, por Caetano Pinto Montenegro, uma figura muito controvertida em nossa história, ganhando elogios de alguns autores, mas criticado por outros tantos. Chegou a ser comparado, em sua indolência, ao próprio D. João VI. Deixou, no meio do povo pernambucano, uma má impressão.

Diziam que era Caetano no nome, Pinto na coragem, Monte no tamanho e Negro em seus atos. Aparentemente, esta qualificação pode ser fruto da maledicência existente naquela época tão conturbada e de grande sofrimento para toda a população. Na verdade, tratava-se de uma pessoa envolvida com leis e não um soldado.

Disso, resultavam suas indecisões quanto à aplicação das leis a ferro e a fogo, preferindo, sempre que possível, contemporizar com as situações, ao invés de tomar medidas mais enérgicas. É evidente que os revolucionários aproveitaram-se dessa tibieza do Governador e puderam conspirar quase que abertamente.

Um grande conjunto de denúncias foi levado a Caetano Pinto, mas este sempre se recusou a dar ouvidos, deixando as coisas correrem normalmente. Dizem que se limitava a responder: "Os pernambucanos se divertem e nada podem fazer".

Em março de 1817, um novo grupo de denúncias mostrou que a revolta já ia bastante adiantada e que os fatos realmente eram graves. O Governador, depois de escutar uma série de ponderações, convocou, no dia 06.03, um Conselho de Guerra, reunindo todos os oficiais generais aquartelados em Recife. Por decisão desse Conselho, foi dada a ordem de prisão para os principais implicados na Revolta. Encarregou-se o Marechal José Roberto da prisão dos civis, enquanto que o Brigadeiro Barbosa de Castro ficou encarregado da prisão dos militares.

Se na área civil não aconteceram maiores contratempos para se efetuar as prisões, o mesmo não se passou na área militar. Barbosa de Castro, após prender Domingos Teotônio Jorge, passou a ofender o Capitão José de Barros Lima, dito o *"Leão Coroado"*. Este, mesmo antes de receber a ordem de prisão, desembainhou sua espada e trespassou o corpo do Brigadeiro que acabou morrendo no local.

A notícia da morte do Brigadeiro alastrou-se muito rapidamente e o governador mandou seu ajudante de ordens, o Tenente-Coronel Alexandre Tomás, saber dos acontecimentos. O Tenente-Coronel também acabou sendo morto pelos revoltosos.

Diante da gravidade dos fatos, Caetano Pinto, juntamente com alguns soldados e oficiais, refugiou-se no forte do Brum, numa tentativa de reagir à revolta. No entanto, sitiado o forte e sem condições de enfrentar a rebelião, o governador rendeu-se e retirou-se para o Rio de Janeiro. Estava vitoriosa a Revolta.

Imediatamente foi formada uma Junta de Governo, composta por cinco membros, representantes das diversas classes sociais e que ficou assim constituída: Domingos Teotônio Jorge (Militares), Manuel Corrêa de Araújo (Agricultores), Domingos José Martins (Comerciantes), José Luiz de Mendonça (Magistratura) e o Padre João Ribeiro (Clero). Foi criada uma espécie de Secretaria do Interior que foi entregue aos cuidados do Padre Miguelinho.

Essa Junta, por influência clara da Revolução Francesa, estabeleceu uma série de medidas importantes, quase todas de caráter liberal. Em primeiro lugar, todo o tratamento cerimonioso português foi suprimido e substituído por vós, cidadão e patriota, sendo extintos os títulos de nobreza.

Para angariar a simpatia popular, foram abolidos diversos impostos e os militares tiveram aumentados os seus soldos, além de diversas promoções. O Catolicismo foi adotado como religião oficial, se bem que haveria a tolerância para a prática de outras religiões. Estabeleceram-se os direitos e as garantias individuais dos cidadãos. O Governo Provisório constituído criou uma Bandeira para o novo Estado, ainda que a forma de governo não tenha ficado bem definida, pois a Revolução simplesmente declarava extinta a tirania real.

A **Bandeira Pernambucana** foi originada na Revolução de 1817 sendo oficializada pelo decreto Nº 459/1917, na comemoração do centenário da mesma Revolução, pelo governador Manuel Antônio Pereira Borba.

Esse novo

Governo deveria durar até que fosse elaborada uma Constituição. Se no prazo de três anos, não houvesse essa Constituição, o povo deveria decidir sobre a forma de governo. Presume-se que, dada à liberalidade do movimento, a forma de governo adotada teria sido a de uma República, com o Poder Executivo nas mãos da Junta de Governo. Apesar de todo esse liberalismo, a escravidão foi mantida.

A Revolta alastrou-se rapidamente, angariando as simpatias da Paraíba, do Rio Grande do Norte e do Ceará. No Ceará, depois de alguns dias de adesão, o enviado de Pernambuco, José Martiniano de Alencar, acabou sendo preso em sua cidade natal, Crato.

A REAÇÃO PORTUGUESA:

Na Bahia ocorreu a pronta reação do Governador, Marcos de Noronha Brito, o Conde dos Arcos, que aprisionou e fuzilou o Padre Roma, para lá mandado como representante. Em seguida, mesmo sem autorização real, fez partir tropas, por terra, contra os revoltosos. No Rio de Janeiro, após a chegada de Caetano Pinto e diante da gravidade da revolta, D. João VI preparou uma esquadra e mandou bloquear o porto de Recife.

Com o avanço das tropas e o cerco do porto e fracassada uma tentativa de uma rendição honrosa, ocorreu o abandono da cidade aos portugueses e uma fuga para o interior em busca de refúgio. Seguiu-se um período de cruel repressão aos revoltosos que, em sua maioria, foram capturados, julgados e condenados à morte.

Na Bahia, para onde tinham sido enviados, foram fuzilados: José Luiz de Mendonça, Domingos José Martins e o Padre Miguelinho. No Recife, foram enviados para o patíbulo, Antônio Henriques, Domingos Teotônio Jorge, José de Barros Lima e o Padre Pedro de Sousa Tenório. As perseguições e condenações continuaram até a coroação de D. João VI que ocorreu em 1818. Concluindo, podemos afirmar de que nada adiantou a Revolução

Pernambucana haver sido afogada em um mar de sangue. O germe da liberdade e independência já estava implantado e tudo seria apenas uma questão de tempo.

A CONFEDERAÇÃO DO EQUADOR:

Ainda como resultante da insatisfação do povo pernambucano, especialmente depois dos resultados da malograda Revolução de 1817, tivemos uma nova revolta, agora contra o governo imperial e denominada Confederação do Equador. Tratou-se de um movimento separatista e republicano, contrário à posição absolutista e centralizadora existente na Carta Outorgada de 1824 do Imperador Dom Pedro I e considerada como a primeira Constituição Brasileira.

O movimento ganhou este nome em virtude de haver ocorrido em Pernambuco, e por estar relativamente próximo da Linha do Equador. O movimento expandiu-se rapidamente pelas outras Províncias da Região, especialmente Paraíba, Rio Grande do Norte e Ceará.

A Confederação contou com a participação de diversas classes sociais e de elites da região, inclusive de intelectuais. Na verdade houve uma grande participação popular no movimento.

Entre as causas, a primeira, como já vimos, foi um forte descontentamento com a centralização política imposta por Dom Pedro I, através da Carta Outorgada de 1824. A influência dos portugueses na vida política brasileira desagradava aos pernambucanos.

Pernambuco havia escolhido, através de suas classes diretivas, Manuel Carvalho Pais de Andrade, antigo revolucionário de 1817, como Governador da Província. Este chamou, para ser seu Secretário, José da Natividade Saldanha e o Coronel José de Barros Falcão de Lacerda, como Chefe das Armas.

Dom Pedro, no entanto, em 1824, indicou um nome de sua confiança para a Província. A escolha recaiu sobre Francisco Pais

Barreto, também antigo revolucionário de 1817 e agora um monarquista convicto. A escolha não foi satisfatória e pode ser considerada como a gota d'água que faltava para deflagrar a Revolução.

O impasse ficou então criado, com Manuel Carvalho Pais de Andrade não entregando o cargo e Francisco Pais Barreto querendo tomá-lo a qualquer preço. Devido à crise e ameaça de um confronto armado, Dom Pedro I deslocou dois navios sob o comando do Capitão-de-Mar-e-Guerra John Taylor para bloquear o porto de Recife. Em outra tentativa para solucionar a crise, foi nomeado como Governador, José Carlos da Silva Mayrink Falcão, que já houvera governado a Província de Minas Gerais. Pressionado pelas tropas leais a Manuel Carvalho Pais de Andrade, preferiu não tomar posse e renunciou à sua nomeação.

Com a notícia de que estava chegando uma forte esquadra portuguesa vinda em auxílio a Recife, o comandante Taylor preferiu retirar-se para o Rio de Janeiro. Imediatamente depois de sua retirada, no dia 02 de junho de 1824, resolveu Manuel Carvalho Pais de Andrade entregar-se definitivamente à luta aberta proclamando a Confederação do Equador, rompendo com a administração centralizada no Rio de Janeiro e que teve a imediata adesão da Paraíba, do Rio Grande do Norte e do Ceará. Adotaram uma forma de governo constitucional, tendo como constituição provisória a Constituição da Colômbia.

Um nome pertencente à elite intelectual e que se transformou em figura muito importante nas origens da Confederação foi o carmelita Frei Joaquim do Amor Divino Rabelo e Caneca, simplesmente conhecido como Frei Caneca, que chegou a pregar a separação, no jornal Tifis Pernambucano, caso o Imperador não acedesse aos anseios de seus conterrâneos. Ainda eram nomes de realce da Confederação, o português João Soares Lisboa, o Padre João Batista da Fonseca e o Padre Mororó (Gonçalo Inácio de Loyola Albuquerque e Mello).

As principais reivindicações da Confederação eram as seguintes:

- Convocação de uma Assembleia para que fosse elaborada uma nova Constituição, muito mais liberal.
- Acabar com o tráfico de Escravos.
- Diminuir as influências do Governo Imperial em assuntos regionais.
- Cercear as forças de opressão do Governo Imperial contra os grupos populares.
- Criar governos independentes em cada uma das Províncias, descentralizando o poder.

Dom Pedro I, diante da gravidade da situação, preparou, no Rio de Janeiro, um forte aparato militar com cerca de 1.200 homens sob o comando do Brigadeiro Francisco de Lima e Silva (Pai de Luís Alves de Lima e Silva, o futuro Duque de Caxias), que deveriam se juntar às tropas armadas, em Alagoas, por Francisco Pais Barreto. Por mar, foi enviada uma esquadra composta por cinco navios, sob o comando do Lorde Cochrane com a finalidade de bloquear o porto de Recife.

Cochrane determinou que seu menor navio adentrasse o porto e bombardeasse Recife. Enquanto isso as tropas terrestres sob o comando do Brigadeiro Francisco de Lima e Silva invadiam, por terra, a cidade. Depois de uma série de combates que duraram de 12 a 17 de setembro, as tropas imperiais conseguiram tomar Recife e Olinda. Uma boa parte dos combatentes fugiu, internando-se pelos sertões, mas sem a companhia de três dos principais chefes. Manuel Carvalho Pais de Andrade, José da Natividade Saldanha e o Coronel José de Barros Falcão de Lacerda conseguiram fugir, obtendo abrigo no exterior.

Os remanescentes continuaram a ser perseguidos pelas tropas legalistas que conseguiram deter quase todos e levá-los presos para Recife. A grande maioria dos prisioneiros foi condenada à morte e o primeiro a ser fuzilado foi Frei Caneca porque não se encontrou nenhum carrasco disposto a enforcá-lo. Outro fuzilado foi o Padre Mororó. Mais sete foram condenados à morte e executados. Quatorze condenados conseguiram fugir e escapar da morte, enquanto João Soares Lisboa morreu em combate. O jornalista Cipriano Barata, o mesmo da Conjuração dos Alfaiates, foi preso e desta vez, condenado à prisão.

Com isto, em um banho de sangue se encerrou mais uma das conspirações contra o Governo, seja ele o colonial ou, como neste caso, o Imperial. No entanto, a ação da Maçonaria continuou a se fazer sentir por todo o período do Brasil Império, mas isto já é outro assunto.

14° CAPÍTULO

DONA LEOPOLDINA E A INDEPENDÊNCIA

A PRINCESA:

Uma figura muito importante para o Brasil e fundamental durante todo o processo de Independência foi a Imperatriz Leopoldina, primeira esposa de Dom Pedro I. Apesar de sua grande importância, sempre foi relegada a um segundo plano não chegando, nunca, a ser considerada como uma coadjuvante. Minha intenção é de tentar retomar a importância dentro do processo da Independência desta notável "brasileira".

A Imperatriz Leopoldina, cujo nome completo era Carolina Josefa Leopoldina Francisca Fernanda

Beatriz de Habsburgo-Lorena, nasceu na cidade de Viena na Áustria em 1797, vindo a morrer no Rio de Janeiro em 1826 e foi a primeira esposa de D. Pedro I quando este ainda era Príncipe Regente do Brasil.

A imagem que ilustra este Capítulo retrata Dona Leopoldina aos 17 anos e pertence ao acervo do Palácio de Schönbrunn onde ela nasceu.

Com sua vinda para o Brasil, depois do casamento, em 1817, passou a assinar Maria Leopoldina ou, simplesmente, Leopoldina. Seus mais ilustres biógrafos confirmam que o prenome Maria não estava entre seus nomes de batismo e que teria sido por ela adotado, por ser uma católica fervorosa e fiel devota da Virgem Maria.

Foi Regente-Consorte do Brasil, de 1817 até 12 de outubro de 1822. Com a coroação de D. Pedro como Imperador do Brasil passou a receber o Título de Imperatriz-Consorte. Durante oito dias foi também Rainha-Consorte de Portugal em 1826. Não podemos nos esquecer de que D. Pedro I foi, também, Rei de Portugal com o título de D. Pedro IV.

Com Dom Pedro I teve sete filhos e sofreu mais dois abortos. São eles, em ordem cronológica: Dona Maria, depois Maria II de Portugal, Dom Miguel que morreu com menos de um ano, Dom João Carlos que morreu com apenas um ano, Dona Januária, Dona Paula Mariana que morreu aos dez anos, Dona Francisca e Dom Pedro, depois Pedro II do Brasil. Note-se que apenas quatro chegaram à idade adulta. Digno de nota é o fato de que D. Pedro I, segundo seus biógrafos, sofria de epilepsia.

A Arquiduquesa era filha do segundo casamento de Francisco I, Imperador da Áustria (antes Francisco II, Imperador do Sacro Império Romano-Germânico) e de Dona Maria Teresa de Bourbon-Sicília. Pertencia à Casa reinante mais antiga na Europa da época, os Habsburgos.

Dona Leopoldina, de forma geral, foi sempre esquecida pela

maior parte dos historiadores que tratam a Independência do Brasil como se fosse, simplesmente, um trabalho só de homens, tais como Dom Pedro, José Bonifácio, Gonçalves Ledo, Clemente Pereira, Padre Januário, entre outros. Sua participação no momento da emancipação política do Brasil é praticamente ignorada.

No entanto, foi uma mulher de fino trato, educação bastante esmerada e, ainda mais, de grande visão política que a fizeram, em sua época, uma pessoa muito querida do povo brasileiro.

Seu casamento começou a ser negociado em 1816 e foram negociações difíceis e demoradas, principalmente pelas conhecidas andanças noturnas de Dom Pedro pelo Rio de Janeiro e pelo caso que mantinha, naquela época, com a bailarina francesa Noemy Thierry. Os principais negociadores foram o Príncipe Metternich pela Áustria e o 6º Marquês de Marialva (Pedro José Joaquim Vito de Meneses Coutinho) como Plenipotenciário português.

A ideia central portuguesa era unir a casa de Bragança com a mais forte dinastia europeia, principalmente depois da queda de Napoleão Bonaparte. Com o apoio da Áustria, Portugal poderia se livrar um pouco da dependência para com a Inglaterra e ter uma maior participação no comércio mundial.

> *Não poderia haver momento mais inoportuno para esse episódio sentimental. Após demoradas negociações diplomáticas achava-se a caminho do Brasil a Arquiduquesa Carolina Josefa Leopoldina, filha do Imperador da Áustria. Fora escolhida para esposa de D. Pedro. Logicamente, a ligação com Noemy Thierry tinha de acabar de qualquer maneira. E depressa. O que aconteceu realmente não se sabe. Mas o fato é que a francesinha deixou o Rio, e o Príncipe ficou inconsolável.* [1](sic)

Com a chamada Revolução Constitucionalista, ocorrida na

---

[1] MATTOS, Odilon Nogueira de. *In* "Grandes Personagens de Nossa História". Volume II. D. Pedro I. São Paulo: Abril Cultural. 1ª Edição. 1972.

cidade do Porto, a Monarquia portuguesa, até então conhecida como de Direito Divino, passou a ser Constitucional. Dom João VI deixou de ter plenos poderes, passando a governar de acordo com uma Constituição. Como ainda estava no Brasil foi obrigado a voltar, imediatamente, para Portugal.

O retorno do Rei ocorreu a 21.04.1821, quando Dom João VI, muito contrariado, acompanhado de toda a Corte portuguesa, partiu de volta para sua terra natal, deixando no Brasil apenas seu filho Dom Pedro, como Príncipe-Regente.

Com o retorno da Família Real, a situação política brasileira deteriorou-se rapidamente, especialmente pela oposição entre portugueses e brasileiros que se tornava, a cada dia, mais forte e visível. Além disto, as tropas portuguesas que ficaram no Brasil não aceitavam ficar sob o comando de Dom Pedro. Como vimos, os portugueses passaram a ser considerados "estrangeiros" e, muitas vezes, não eram aceitos nas Lojas Maçônicas.

De início, Dom Pedro se viu assoberbado com as dificuldades da situação, que estava dominada pelas tropas portuguesas rebeladas. A posição do governo brasileiro caminhava para um caos insustentável. A Princesa Leopoldina, em uma de suas cartas, datada de 07.03.1822 dizia:

> *Aqui reina um verdadeiro caos de ideias e cenas, tudo surgido do logro chamado espírito de liberdade, e nas províncias do Norte agora estão assassinando todos os europeus; Deus (que dispõe tudo para o bem do homem) permita que a situação fique calma, como quer me parecer; meu esposo declarou que ficará aqui; embora pensemos diferentemente em alguns aspectos, é melhor que me cale e observe silenciosamente.* [2](sic)

A Imperatriz fora educada com muito esmero falando fluentemente o alemão, o francês, o italiano e sabia o latim, estudava

[2] Fonte: "Três Cartas de Dona Leopoldina" – publicadas pela Folha de S. Paulo.

o inglês e no Brasil passou a aprender rapidamente o português. Conhecia música e tocava bem piano. Chegou a pintar algumas paisagens e, também, retratos.

Era bastante inclinada pelas ciências naturais, em especial pela Mineralogia. Dedicou-se ao estudo da flora e da fauna brasileira. Veio para o Brasil, cercada por uma corte composta de botânicos, zoólogos, médicos e músicos. Ainda, durante o período de sua vida no Brasil, conviveu com grandes pintores, tais como Rugendas e Debret.

Ao contrário, o Príncipe não tivera uma educação esmerada. Viera para o Brasil muito jovem ainda e aqui conheceu os espaços amplos que não encontrava no Palácio de Queluz onde nascera. Teve sua educação colocada a cargo de Frei Antônio de Arrábida, que o ensinou muito. Chegou a aprender francês e música. No entanto, seguia apenas a orientação de seus impulsos, gostando de andar pelas cavalariças, ferrar e domar cavalos, conversar com os servos, lacaios e escravos o que lhe causou alguns problemas com a língua pátria. Usava um linguajar mais pobre, cheio de gírias e termos mais grosseiros, utilizados pelo povo com o qual ele mantinha o maior contato.

À medida que ia ganhando mais idade tornou-se uma pessoa bastante corajosa, porém muito impulsiva e senhora de suas vontades. Tanto isto era verdade que muitas e muitas vezes era tomado por acessos de cólera que o tornavam muito agressivo e injusto. Claro é que quando lhe esfriava a cabeça, arrependia-se de suas atitudes e não raro pedia desculpas pelas suas explosões. Quanto à sua inteligência, podemos afirmar que era bastante acurada e alerta. Se bem tratada e formada o transformaria em um dirigente excepcional. Seria como diríamos "um diamante bruto sem a menor lapidação".

Ainda mais, à proporção que se tornava um adolescente e posteriormente um adulto, passou a se interessar com extrema intensidade pelo sexo oposto, fato que lhe valeu a devida reputação.

> *Ferrar cavalos não ficava bem a um filho de reis. Falar gíria e conviver com gente do povo, também não. Rondar pelas senzalas com olhar interessado nas escravas de boa aparência, menos ainda. Mas Dom Pedro de Alcântara, descendente dos Habsburgos, Bourbon e Bragança, fazia tudo isso com muito prazer. A praxe da monarquia pouco lhe importava. As normas da etiqueta palaciana o aborreciam. Tinha uma natureza simples e dispensava cerimônias: preferia viver à vontade, usufruir cada instante de sua juventude.* [3](sic)

Para diversos historiadores, as razões para que Dona Leopoldina aceitasse um casamento com um Príncipe desconhecido e em terras longínquas, consideradas como que no fim do Mundo, foram apenas diplomáticas. De forma geral, as Princesas austríacas eram ensinadas a servir o Estado, antes de tudo o mais. O casamento real interessava tanto aos Habsburgos como aos Braganças. Portugal conseguia certo respiro em relação à Inglaterra e a Áustria via uma fórmula de participar das possíveis riquezas existentes no *"Novo Mundo"*.

Apesar de que a diversidade de gênios, de grau cultural e de criação, provocava um profundo abismo entre os dois cônjuges, outros historiadores afirmam que a Imperatriz, mesmo antes de conhecer Dom Pedro, já se apaixonara por ele. Note-se que antes de firmar o contrato de casamento, Dona Leopoldina recebera, como presente, um colar de diamantes de primeira água, contendo um medalhão com a figura do Príncipe.

Nada obstante, haver nascido, como dizem, em *"Berço de Ouro"*, a Imperatriz passou por certas dificuldades em sua infância. Sua mão faleceu quando ela tinha apenas dez anos de idade e seu pai casou-se (terceiro casamento) com Maria Luísa Beatriz de Áustria-Este (em italiano: Maria Ludovica Beatrice). Para sua sorte, esta nova Imperatriz austríaca era uma mulher de grande cultura

[3] MATTOS, Odilon Nogueira de. Obra citada.

sendo, inclusive, amiga do poeta e romancista alemão Johann Wolfgang von Goethe.

Adotando Leopoldina como filha, ela pode ser considerada como a responsável pela formação intelectual da enteada. Com a Imperatriz Maria Luiza, tomou gosto pela Música, especialmente Beethoven e Haydn, pela Literatura e pela Natureza.

Imaginemos, então, as dificuldades encontradas por esta jovem de grande formação intelectual em uma terra inculta e totalmente diferente. Os portugueses, inclusive a classe nobre, componente da Corte de Dom João, não tinham grande preparo cultural e não se preocupavam com as coisas do espírito. Sempre muito tradicionais, tinham terror pelas ideias novas. Vejam o medo despertado pelas "abomináveis ideias francesas".

Com as dificuldades para com a língua portuguesa, inicialmente ficou muito isolada, tendo contato apenas com aqueles que a acompanharam em sua viagem para esta nova terra. Na Corte passou a ser alvo de diz-que-diz-que e a ser tratada como a *"Estrangeira"*.

Carlota Joaquina
em 1817, por Nicolas Taunay

As dificuldades da Princesa não paravam aí, Dom João e Dona Carlota Joaquina não se entendiam e viviam separados. Ela era considerada uma mulher extremamente geniosa e de língua viperina, utilizando-se, com frequência, de palavras de baixo calão. Segundo seus biógrafos, mantinha uma série de casos extraconjugais, sendo acusada de mandar assassinar a esposa de um de seus amantes. Aqui cabe uma boa pergunta: como é que a **"linda"** figura acima teria conseguido tantos amantes? A Princesa, a conselho de seu próprio pai, mantinha a Rainha à distância. No entanto, tinha Dom João em boa consideração.

Nota do Autor: Imaginemos ainda que a **"graciosa"** acima certamente foi muito beneficiada pelas tintas do Pintor!

A residência da Família Real, o Palácio de São Cristóvão, era extremamente modesta quando comparada com os palácios austríacos onde fora criada. A Residência Oficial, segundo alguns, não teria passado de uma casa-grande de fazenda, reformada para a função. A sua grande vantagem é que estava nas proximidades de extensas florestas tropicais onde a Princesa costumava fazer suas incursões pela Botânica, sempre montada a cavalo e acompanhada de seus servidores.

LEOPOLDINA E SUA PARTICIPAÇÃO NA INDEPENDÊNCIA:

Nos últimos tempos os historiadores têm olhado com outras perspectivas a figura da Princesa. Praticamente deixou de ser aquela pessoa submissa, triste e resignada a sofrer tantas humilhações como passou, durante toda a sua vida, casada com Dom Pedro. Não podemos nos esquecer de que além de suas inúmeras e constantes amantes, Dom Pedro, depois da Proclamação da Independência, teve o desplante de nomear a Marquesa de Santos como Primeira Dama da Imperatriz e instalá-la no próprio Palácio de São Cristóvão. O título de Dona Domitila de Castro Canto e Melo era uma grande provocação a José Bonifácio, nascido em Santos e inimigo ferrenho da Marquesa.

Um fato que nunca ganhou destaque entre nossos historiadores é que no momento em que Dom Pedro partiu em sua missão de acalmar as coisas em terras paulistas, nomeou Dona Leopoldina como regente Interina do Brasil e com plenos poderes para governar

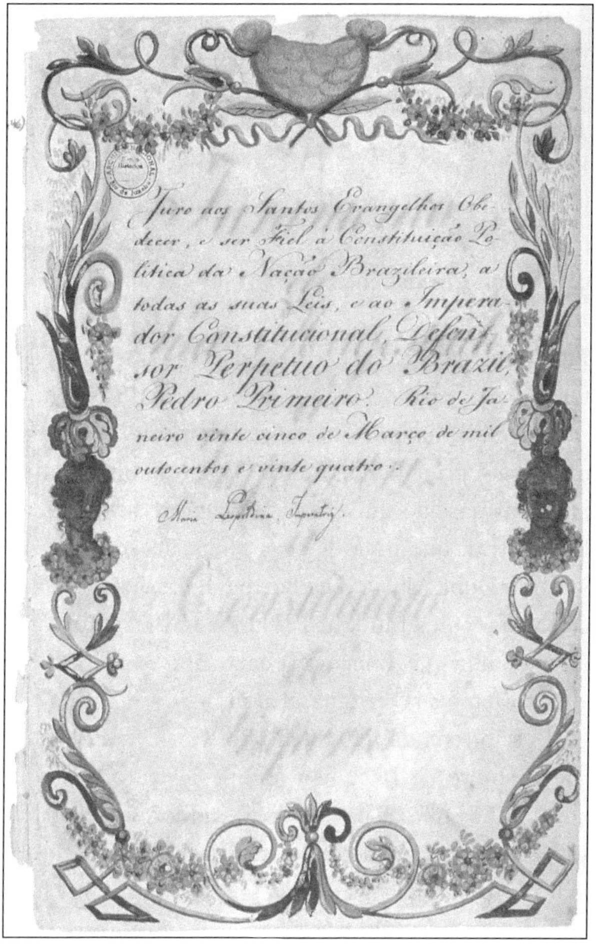

Juro aos Santos Evangelhos Obedecer, e ser Fiel à Constituição Politica da Nação Brazileira, a todas as suas Leis, e ao Imperador Constitucional, Defensor Perpetuo do Brazil, Pedro Primeiro. Rio de Janeiro vinte cinco de Março de mil outocentos e vinte quatro.

Maria Leopoldina Imperatriz.

Juramento prestado por Dona Leopoldina quando assumiu a Regência em 13.08.1822

em sua ausência. Foi ela que convocou a reunião do Conselho de Ministros no dia 02/09/1822.

O casamento simplesmente foi negociado entre as casas reinantes e servia convenientemente às duas partes, tanto é que Dom Pedro nem compareceu ao ato do casamento, sendo tão somente representado. A Princesa, no entanto, acabou de se apaixonar perdidamente por ele. Isso é perfeitamente explicável: ele era jovem, bem apessoado e, segundo ela mesma, possuidor de sedutores olhos negros, ao contrário de alguns de seus pretendentes velhos e barrigudos.

Por outro lado, as Princesas europeias, especialmente as da Casa dos Habsburgos, eram ensinadas que seu dever era, antes de tudo, servir aos interesses do Estado. Assim seu casamento e a vinda para esta terra distante servia tanto ao interesse da Áustria como ao de Portugal.

Bem antes do Príncipe, ela aderiu aos interesses do Brasil, convicta que a Independência era essencial para o bem geral do País e, ainda mais, havia a sucessão dinástica em Portugal, onde seu marido era o principal herdeiro. Havia também o fato de seus filhos já terem nascido em terras brasileiras. Lembrar, ainda na questão dinástica, que uma de suas filhas, sucedendo ao pai, foi coroada como Dona Maria II de Portugal. A sua adesão à causa de Independência foi um grande ato de amor ao Brasil e renúncia à sua vida pessoal. Sabia que, uma vez proclamada a Independência, seu sonho de retornar à sua terra natal algum dia jamais iria acontecer.

A decisão tomada na reunião do Conselho de Ministros do dia 02 de setembro de 1822 não foi apenas fruto de um capricho momentâneo. O assunto já havia sido discutido com seu marido e por diversas vezes ela tentara encorajá-lo a tomar uma atitude definitiva. Dom Pedro, entretanto, ouvia ainda seu lado português falar forte.

Indignada com as últimas deliberações do governo de Portugal que decidira pelo imediato retorno do Príncipe Regente e a condução do Brasil novamente à categoria de Colônia, entre outras medidas, e apoiada pelo Conselho de Ministros, resolveu mandar a Dom Pedro as correspondências recebidas, uma carta sua e outra de José Bonifácio.

O apoio de José Bonifácio, a quem ela aprendera a admirar e que se tornara seu amigo, foi o aspecto preponderante em sua decisão. A explanação que ele fez, naquela reunião, dos rumos que o Brasil iria tomar se não fosse tomada uma medida drástica e imediata, foi a gota d'água que faltava.

Por outro lado, a Princesa tinha certeza de que Dom Pedro ratificaria sua decisão. Portanto nesta reunião foi preparado e ela assinou o Decreto que conduzia o País à sua própria Independência. Aconselhada por Bonifácio e por ela ser uma estrangeira, o Decreto não foi divulgado e aguardou-se o retorno do Príncipe para sua divulgação.

O original da Carta de Dona Leopoldina acabou por se perder, mas alguns historiadores contemporâneos a têm reproduzido e garantido que as palavras são autênticas. Apresentamos abaixo uma cópia desta famosa carta obtida via Internet:

> *Rio de Janeiro, 2 de setembro de 1822*
>
> *Pedro,*
>
> *O Brasil está como um vulcão. Até no paço há revolucionários. Até portugueses revolucionários... As cortes portuguesas ordenam vossa partida imediatamente; ameaçam-vos e humilham-vos. O Conselho de Estado vos aconselha a ficar. Meu coração de mulher e de esposa prevê desgraças se partirmos agora para Lisboa. Sabemos bem o que tem sofrido nosso país. O rei e a rainha de Portugal não são mais reis, não governam mais, são governados pelo mesmo despotismo das cortes que perseguem e humilham os soberanos a quem devem respeito... O Brasil será em vossas mãos um grande país. O Brasil vos quer para seu monarca. Com vosso apoio ou sem vosso apoio, ele fará sua separação. O pomo está maduro, colhei-o já, senão apodrecerá... Já dissestes aqui o que ireis fazer em São Paulo. Fazei, pois...* [*]

A partir daí todos os fatos são sobejamente conhecidos, Leopoldina e Bonifácio escolheram homens de confiança e mandaram levar a Dom Pedro os despachos lisboetas e suas cartas.

---

[*] Marsílio Cassotti. *A biografia íntima de Leopoldina: a imperatriz que conseguiu a independência do Brasil.* São Paulo: Planeta, 2015, p. 183.

O famoso quadro de Pedro Américo representando a Proclamação da Independência

A escolha do correio recaiu sobre Paulo Bregaro. Encontraram a Comitiva do Príncipe nas proximidades do riacho do Ipiranga, perto da cidade de São Paulo.

Quanto à Proclamação da Independência do Brasil, podemos afirmar que o quadro mais famoso e devido ao pintor Pedro Américo não representa, nem de longe o fato real. Na verdade Dom Pedro estaria passando por uma forte indisposição de intestino, o que o obrigava a constantes paradas em seu caminho de retorno para São Paulo. Numa destas paradas, nas proximidades do riacho do Ipiranga, recebeu as correspondências chegadas do Rio de Janeiro. Já extremamente irritado pelos seus incômodos, montou em sua mula (sim, mulas e burros, pois cavalos jamais aguentariam o trajeto de Santos para São Paulo ou de São Paulo a Santos, vencendo a íngreme Serra do Mar!) e partiu para o alto de uma colina, nas proximidades, onde sua comitiva o aguardava. Lá chegando comentou que as Cortes queriam mesmo escravizar o Brasil, por isso nós estamos nos libertando deles agora. Neste momento, referendou a Proclamação da Independência feita pela Princesa Dona Leopoldina através do Decreto de 02 de setembro de 1822.

Portanto, esta é uma realidade histórica indiscutível, pois foi comprovada por documentos e este é o papel fundamental que teve a nossa primeira Imperatriz.

15° CAPÍTULO

A CAMPANHA ABOLICIONISTA

Falarmos da atuação dos Maçons na Campanha da Abolição no Brasil é *"chovermos no molhado"*. O assunto foi profundamente tratado pelo Mestre Castellani em seu "Os Maçons e a Abolição da Escravatura" (Editora Maçônica "A TROLHA" - Londrina - PR - 1ª Edição - 1998) ou pelo Irmão Luiz Gonzaga da Rocha que dedicou um capítulo de seu livro "A Bucha e Outras Reminiscências Maçônicas" (Editora Maçônica "A TROLHA" - Londrina - PR - 1ª Edição - 1999). A leitura destas duas obras é fundamental para todos aqueles que pretenderem se aprofundar no assunto.

Nós não iremos tentar inovar em nada a fórmula de contar a História. Ela tem que ser apoiada em fatos verdadeiros, pesquisados em fontes primárias e fidedignas ou apoiados em relatos produzidos por escritores confiáveis como é o caso dos dois aqui citados.

O trabalho escravo no Brasil teve seu início, praticamente, junto com as primeiras expedições feitas em terras brasileiras. A única riqueza visível, em princípio, era o Pau-Brasil. No entanto, para seu corte e transporte até o litoral, os portugueses precisavam de uma mão de obra local, com o conhecimento da terra e, mais especialmente, do sertão. Não nos esqueçamos de que a costa brasileira, no princípio, era coberta por densas matas. A utilização do índio para a realização deste trabalho era condição *"sine qua non"*. Daí para o processo de sua escravização inicial foi apenas um pequeno passo.

A escravidão dos indígenas não ofereceu resultados muito promissores, pois os índios, conhecedores da terra como eram e não gostando da forma de trabalho que lhes era imposta, viviam em constantes fugas e raramente eram recuperados.

Para que um regime escravocrata possa conseguir resultados razoáveis é necessário que os escravos sejam transferidos para terras que nem de longe conheçam. Com isto, o número de fugas fica bastante reduzido. Lembrar ainda que nossos índios não estavam muito acostumados com os trabalhos agrícolas que, na maior parte dos casos, eram realizados pelas mulheres indígenas.

Para suprir as necessidades de mão de obra e contornar os problemas mostrados pela escravidão dos índios, Portugal passou a ver a importação de escravos oriundos da África como única solução. A obtenção destes escravos em terras africanas era fácil e barata. Restava o problema do transporte, realmente muito difícil, ocasionando a perda de cerca de cinquenta por cento dos escravos embarcados por não aguentarem as condições da viagem e morrerem durante o trajeto.

> *A escravização dos negros foi a fórmula encontrada pelos colonizadores europeus para o aproveitamento das terras descobertas. Na faixa tropical, a grande propriedade monocultora e escravista tornou-se a base da economia que girou em torno da exportação de produtos tropicais para as metrópoles de onde provinham os produtos manufaturados necessários à vida da Colônia. Nas fazendas de algodão, nos Estados Unidos, nos engenhos e canaviais das Antilhas e do Brasil, o escravo representou a principal força de trabalho. O sistema escravista esteve desde os primórdios da colonização vinculado à Grande Lavoura. Escravidão e Grande Lavoura constituíram em muitas áreas a base sobre a qual se ergueu o sistema colonial que vigorou por mais de três séculos.* [1] (sic)

---

[1] COSTA, Emília Viotti da. "O *Trabalho Escravo na Grande Lavoura*" – in História Geral da Civilização Brasileira. Livro V. Tomo II. O Brasil Monárquico – 3° Volume. São Paulo: Difusão Europeia do Livro. 2ª Edição, 1969.

Por outro lado, o Mundo estava passando por grandes transformações, especialmente por causa da chamada Revolução Industrial liderada pela Inglaterra. Os ingleses precisavam conquistar novos e maiores mercados para os produtos saídos de suas fábricas. Tanto maior o número de consumidores, maiores seriam suas vendas e lucros. Assim, passaram a fazer uma forte pressão sobre os países que ainda permaneciam como escravocratas. No Brasil, a escravidão continuava em total vigor e isto era uma nódoa em nossa História.

O Brasil foi, praticamente, o último país da América do Sul a conceder a liberdade aos escravos. Além das pressões diplomáticas, a Inglaterra determinou que sua esquadra desse combate a todos os navios envolvidos no tráfico, tratando-os como se piratas fossem. Estes navios ficaram sendo conhecidos como *"Navios Negreiros"* e não iremos entrar em pormenores sobre a maneira com que era realizado este transporte.

No Brasil, apesar da posição de José Bonifácio, totalmente contrária à manutenção do regime de escravos, a História nos mostra o lento desenrolar da campanha pela Abolição.

Internamente, as pressões começaram a ocorrer, com muito mais intensidade, a partir do final da Guerra do Paraguai.

De forma geral, os escravos eram convocados a prestar o serviço militar, lutando na Campanha. Com o desenrolar dos tempos, acabaram por se mostrar tão hábeis soldados como os brancos e, note-se o detalhe: sempre eram escolhidos para as missões mais perigosas onde o número das baixas seria sempre maior. Com o final da Guerra estes soldados foram considerados livres e, acima de tudo, ganharam respeito no seio do militarismo incipiente no Brasil.

Devemos ter em conta que os militares só apareceram como uma força realmente organizada depois desta Guerra. Para melhores esclarecimentos, recomendamos a leitura de tópicos de nossa

História relativos à chamada "Questão Militar" que não será aqui tratada em profundidade.

O primeiro passo no caminho da Abolição foi a chamada *"Lei Eusébio de Queirós"*, datada de 1850, e seu nome é uma homenagem ao autor. Para dar satisfações às pressões inglesas, esta lei proibia totalmente o tráfico de escravos para o Brasil. É evidente que esta lei não surtiu, inicialmente, o efeito desejado.

Com ela, o preço do escravo cresceu, incentivando o tráfico ilegal que se tornou muito intenso. Somente a partir de 1870, com o aumento da ação dos barcos ingleses e da fiscalização brasileira é que começou a faltar braços para o trabalho. Note-se que esta data marca, também, a maior chegada dos imigrantes ao Brasil. Aparentemente esta Lei deu início à expressão popular de *"Lei Para Inglês Ver"*.

Vamos lembrar que a primeira Lei que deu início ao processo da libertação dos escravos data somente de 1871. A chamada Lei do *"Ventre Livre"* ou Lei Rio Branco (José da Silva Paranhos – Visconde do Rio Branco, então Presidente do Conselho de Ministros) seria somente um paliativo para tentar acalmar o ímpeto da campanha abolicionista que já começava a mostrar muita força.

Note-se que com o transcorrer dos tempos, esta Lei viria a pôr fim na escravidão no Brasil, pois seriam considerados livres todos os filhos de escravos nascidos a partir daquela data.

Apesar disto, a campanha continuou crescendo e um novo paliativo aconteceu com a chamada Lei Saraiva-Cotegipe ou dos "Sexagenários". Promulgada em 28 de setembro de 1885, ela garantia a liberdade de todos os que tivessem mais de sessenta anos (*) completos a partir daquela data. No entanto, na prática, ela de nada valeria, pois a vida média de um escravo, nas condições de trabalho existentes no Brasil, geralmente não passava dos trinta ou trinta e cinco anos. Ainda mais que, ganhando a liberdade, o

---

(*) Na verdade esta Lei só foi aprovada depois de que os escravocratas conseguiram ampliar o limite da idade para sessenta e cinco anos!

escravo teria que trabalhar, como forma de indenização para seus Senhores, por mais três anos. Existe mais um detalhe, libertado em uma idade considerada muito avançada para a época, o antigo escravo não tinha para onde ir, restando-lhe continuar trabalhando para os seus antigos Senhores, talvez em condições inferiores às do trabalho escravo.

Durante todo este período a Maçonaria manteve-se ativa nos trabalhos dedicados à Abolição. Com a Lei Eusébio de Queirós, a Lei do Ventre-Livre e a Lei dos Sexagenários, o tempo se encarregaria de acabar com a escravidão no Brasil. No entanto, restava-nos trabalhar, ainda com mais denodo, para extirparmos, de vez e rapidamente, esta mácula existente.

O processo foi encerrado com a chamada Lei Áurea, promulgada pela Princesa-Regente Dona Isabel. A Lei Imperial de Nº 3353, sancionada a 13 de maio de 1888, foi o Diploma Legal que acabou, oficialmente, com a escravidão no Brasil. O Gabinete de Ministros era presidido pelo Ministro João Alfredo Correia de Oliveira, pertencente, por incrível que possa parecer, ao Partido Conservador. Lembramos que a Princesa Isabel ocupava a Regência, pois seu Pai estava em uma de suas viagens para a Europa. Um fato interessante é que a Lei foi debatida nas sessões dos dias 11, 12 e 13 de maio. Foi votada e aprovada em definitivo no dia 13 de maio, um pouco antes das 13 horas. Levada à sanção, imediatamente, a Princesa ratificou a Lei.

Digno de nota é o fato de que o próprio Imperador era favorável à Abolição. Ele esperava não morrer antes de ver seu País livre desta mancha.

Na página seguinte uma cópia do documento que decretou o fim da escravidão no País. Note-se que é uma cópia do original assinado pela Dona Isabel, a Princesa Regente do Brasil.

Dom Pedro II, além de muito doente, vivia em constantes viagens para a França em busca de cura para as suas doenças.

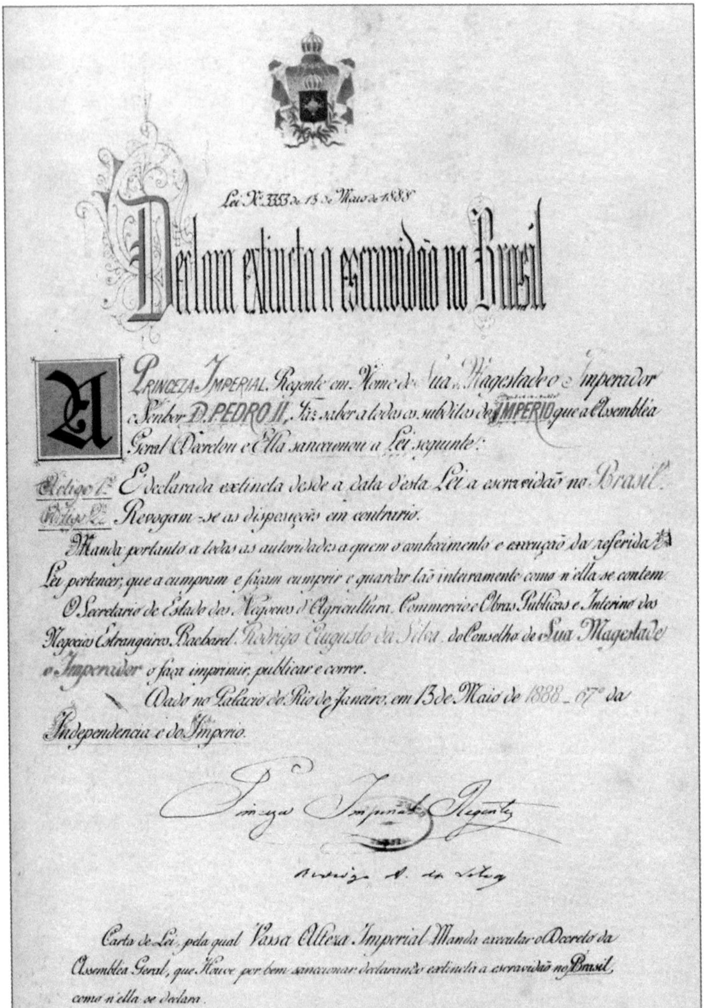

Lei Nº 3353 de 13 de Maio de 1888

Declara extincta a escravidão no Brasil

A Princeza Imperial Regente em Nome de Sua Magestade o Imperador o Senhor D. Pedro II, Faz saber a todos os subditos do Imperio que a Assembléa Geral Decretou e Ella sanccionou a Lei seguinte:

Artigo 1º É declarada extincta desde a data d'esta Lei a escravidão no Brasil.

Artigo 2º Revogam-se as disposições em contrario.

Manda portanto a todas as autoridades a quem o conhecimento e execução da referida Lei pertencer, que a cumpram e façam cumprir e guardar tão inteiramente como n'ella se contem.

O Secretario de Estado dos Negocios d'Agricultura, Commercio e Obras Publicas e Interino dos Negocios Estrangeiros, Bacharel Rodrigo Augusto da Silva, do Conselho de Sua Magestade o Imperador, o faça imprimir, publicar e correr.

Dado no Palacio do Rio de Janeiro, em 13 de Maio de 1888 – 67º da Independencia e do Imperio.

Princeza Imperial Regente

Rodrigo A. da Silva

Carta de Lei, pela qual Vossa Alteza Imperial Manda executar o Decreto da Assembléa Geral, que Houve por bem sanccionar declarando extincta a escravidão no Brasil, como n'ella se declara.

O Imperador receava uma visão pouco favorável de sua pessoa. Gostava de ser visto como um homem culto, interessado na literatura, na arte, na filosofia, na história; queria ser considerado intelectual, estadista magnânimo e evoluído. Assim, de modo

> *nenhum aceitava ser considerado como um Imperador numa terra de escravos miseravelmente tratados.* [2](sic)

O trabalho escravo no Brasil, durante o período colonial e no imperial, pode ser visto em todas as áreas da economia. Inicialmente ligado à cultura da cana-de-açúcar, passou-se para a agricultura algodoeira, posteriormente para a lavoura de café no sul do país. Pode ser encontrado também junto às lavouras de cacau no litoral baiano. Nas cidades e mesmo nas fazendas todo o trabalho doméstico era feito pelos escravos.

Em termos de trabalhos domésticos destacou-se a figura da Ama de Leite. Este encargo era, geralmente, dado a escravas que tinham filhos, às vezes ditas também "mucamas". Seria aquela escrava que amamentaria os filhos da patroa quando esta não pudesse fazê-lo. Isto nem sempre era verdade, pois muitas das chamadas "Sinhás" não gostavam ou não se davam ao trabalho da amamentação.

A Ama de Leite

A figura da Mucama é bastante controversa na literatura brasileira. Muitas vezes é confundida com uma concubina ou escrava sexual dos Senhores. Neste caso era escolhida pela sua aparência e muitas vezes eram submetidas a ameaças ou torturas se não aceitassem os desígnios de seus senhores.

Por outro lado, seria uma moça escolhida para auxiliar em serviços domésticos ou acompanhar pessoas da família, geralmente

---

2 ROCHA, Luiz Gonzaga da. "*A Bucha e Outras Reminiscências Maçônicas*". Londrina: Editora Maçônica "A TROLHA", 1ª Edição, 1999.

as Sinhás. De forma geral acabava sendo considerada como uma escrava de estimação, sendo muito bem tratada pelos seus Senhores.

Algumas vezes e, em casos mais raros, transformava-se também em uma Ama de Leite amamentando e cuidando dos filhos das Sinhás. Isto era típico nas fazendas dos chamados "Barões do Café", especialmente em terras paulistas.

Nosso grande Sociólogo Gilberto Freyre nos diz:

> *Já houve quem insinuasse a possibilidade de se desenvolver, das relações íntimas da criança branca com a ama de leite negra, muito do pendor sexual que se nota pelas mulheres de cor, por parte do filho da família, nos países escravocratas. A importância psíquica do ato de mamar, dos seus efeitos sobre a criança, é, na verdade, considerada enorme pelos psicólogos modernos; e talvez tenha alguma razão Calhoun para supor de grande significação esses efeitos no caso de brancos criados por amas negras.* [3] (sic)

Apesar da grande validade dos nomes aqui inseridos, eu, que me confesso totalmente leigo no assunto, tenho minhas dúvidas quanto à veracidade da assertiva. Enquanto que meu Curso de Bacharelado em Geografia pela USP, concluído em 1970, foi extremamente bem feito, auxiliado por ótimos professores, o mesmo não pode ser dito quanto à minha Licenciatura. Talvez seja pelo fato de não acreditar muito nos estudos de Sociologia ou de Psicologia ou então, pelo fato de que meus Professores não tenham conseguido despertar a atenção ou curiosidade pelas sobreditas Matérias. O certo é que continuei muito fraco nestas áreas do conhecimento. No entanto, eu permaneço fiel aos meus princípios: Pau é Pau e Pedra é Pedra. Aquilo que consigo ver ou tocar (ou acreditar) permanece como Verdade Absoluta.

Seja como for, a Abolição praticamente em nada alterou o

[3] FREYRE, Gilberto. "*Casa-Grande & Senzala*". Rio de Janeiro: Editora Record, 34ª Edição, 1998.

"*Status Quo*" do Brasil Império ou da chamada República Velha. O trabalho escravo já vinha sendo substituído, em muitas áreas, pela mão de obra livre que afinal de contas, aparentemente, seria mais barata. Em algumas regiões do interior brasileiro, os produtos alimentícios eram bastante caros em virtude das dificuldades de transporte existentes naquelas antigas épocas.

Desta forma, seria mais conveniente pagar o salário para os trabalhadores livres do que alimentar um grupo muito numeroso de escravos. Em contrapartida, o trabalhador livre podia ser pressionado com a ameaça de uma simples demissão se não produzisse a contento, enquanto que o escravo produzia o que bem entendia e quando queria, principalmente depois que os castigos corporais foram abolidos.

Outro detalhe que não pode ser esquecido é de que a oferta de emprego fora das áreas agrícolas era muito pequena. Havia um incipiente processo de industrialização, principalmente depois da entrada dos imigrantes estrangeiros. Esta entrada começou a se tornar mais constante depois do Ato inglês denominado "Bill Aberdeen", editado em 1845, que, contrariando todas as normas da diplomacia universal, permitiu que os navios de sua esquadra perseguissem, aprisionassem ou afundassem os chamados Navios Negreiros. Esta perseguição poderia ser realizada até em terra caso algum traficante conseguisse se salvar, atingindo uma praia.

Nas cidades havia um pequeno comércio de caráter quase que exclusivamente familiar que bem pouco emprego oferecia. O trabalho doméstico nas residências até então era prestado por escravos. Diante disto, restou apenas aos escravos libertos permanecerem nos locais em que continuariam praticando um trabalho que, apesar de disfarçado, continuava sendo escravo.

> *De maneira geral o ex-escravo – mutilado e violentado por três séculos de escravidão – não possuía hábitos de vida familiar, e, praticamente, a ideia de acumulação de riqueza era-lhe totalmente estranha.*

> *O ócio, que sempre lhe parecera o grande privilégio de seus senhores, o atraía de maneira irresistível. Podendo satisfazer sua subsistência com dois ou três dias de trabalho semanais, que lhe dariam o suficiente "para viver", não trocaria uma pequena acumulação de bens pelo direito de não trabalhar. Seu baixo nível de renda e seu entorpecimento dificultaram-lhe a assimilação. Nessas condições não poderia a antiga população escrava deixar de representar um papel puramente passivo nas transformações econômicas surgidas nos começos do Brasil republicano.* [4](sic)

A afirmativa do Professor Souto Maior, acima, mostra muito bem a situação em que ficaram os servos no Brasil. Apesar de que alguns autores achem que a partir de 1850 o processo de industrialização no Brasil tenha sido iniciado, para nós torna-se difícil entendermos desta forma.

Com o fim do tráfico de escravos iniciou-se uma busca por mão de obra barata. A Europa, a partir da primeira metade do século XIX, começou a passar por sérias dificuldades econômicas gerando desemprego e um elevado número de pessoas que se sujeitavam a enfrentar o desconhecido em terras distantes da América.

Isto aconteceu, especialmente, na Itália e Alemanha e os alvos escolhidos pelo fluxo migratório tiveram como principais destinos os Estados Unidos, a Argentina e o Brasil. No Brasil, os Estados que receberam a quase totalidade dos imigrantes foram São Paulo, Paraná, Santa Catarina e Rio Grande do Sul. Nestes dois últimos Estados, ainda hoje, é possível reconhecer-se áreas de colonização típicas italianas ou alemãs.

Existe uma estimativa que entre 1846 e 1875 tenham entrado no Brasil cerca de nove milhões de pessoas, a maioria de origem italiana. Isto se deveu, também, à intensa propaganda feita pelo

---

4 MAIOR, A. Souto. "*História do Brasil*". São Paulo: Companhia Editora Nacional. 1ª Edição, 1974.

governo brasileiro na Europa. Em São Paulo, especialmente a partir de 1880, os trabalhadores italianos aqui chegados recebiam ajuda em termos de alojamento, empregos e transporte até as principais regiões cafeeiras.

Ora, nós conceituamos que os primórdios do desenvolvimento industrial brasileiro ocorreram por causa desta intensa corrente migratória. Entre os imigrantes, existia uma série de artífices, tais como ferreiros, sapateiros, alfaiates, etc.. Muitos destes artífices, depois de se habituarem aos costumes e à língua da terra, foram preferindo fixar-se nas cidades ao invés de dedicarem-se ao trabalho agrícola.

A cidade de São Paulo foi a grande beneficiada por isto e nela podemos encontrar bairros de origem quase que totalmente italiana, como são os bairros do Brás, da Barra Funda, do Bom Retiro, e especialmente, do bairro Bexiga. Aqui os pequenos artesãos foram estabelecendo suas oficinas que foram as verdadeiras bases para o desenvolvimento do processo industrial.

Examinando a data do início da corrente migratória, e dado o devido desconto para o período de adaptação dos imigrantes à nova vida, podemos afirmar que o processo industrial brasileiro teve seu início a partir de 1880. Esta é a principal razão para não acreditarmos em um início de desenvolvimento industrial anterior a esta data. Em conclusão, podemos afirmar que a situação precária de vida dos ex-escravos perdurou, no mínimo, até o final do século XIX, quando nosso País começou a entrar em um processo de rápido desenvolvimento industrial.

Os fatos que foram expostos mostram como ocorreu oficialmente a Abolição dos Escravos no Brasil. Mas isto não impediu que houvesse alternativas para a libertação dos escravos. Muitos dos senhores, especialmente no Estado de São Paulo, concederam alforria para todos os seus escravos. Outros escolhiam alguns ou muito estimados ou considerados desnecessários para os trabalhos e os alforriavam. Assim, foram aparecendo, mesmo antes das

Leis, escravos libertos. Outra forma era a de que alguns cidadãos, abolicionistas por natureza, reunissem suas forças para comprar escravos que, depois de adquiridos, eram imediatamente alforriados.

No Ceará, seguindo o exemplo de São Paulo, a atividade dos Abolicionistas recrudesceu, encabeçada pela Maçonaria. Alguns municípios cearenses começaram a promulgar Leis considerando livres todos os escravos dentro do município, até que em 25 de março de 1884 a abolição dos escravos foi concedida em toda a Província. As medidas tomadas pelos cearenses serviram para abrir rapidamente o caminho para a abolição dos escravos no Brasil.

> *No mesmo ano de 1884, a 10 de julho, a província do Amazonas seguia o exemplo do Ceará, libertando seus escravos. Ainda em 1884, a 18 de setembro, em comemoração à rendição paraguaia em Uruguaiana, três pequenos municípios do Rio Grande do Sul emancipavam antigos escravos, o mesmo acontecendo, um mês depois, com a cidade de Pelotas que libertou cerca de 5.000 escravos. Em seis meses, a província do Rio Grande do Sul já havia alforriado cerca de 35.000 escravos.* [5] (sic)

Não iremos tratar aqui individualmente dos grandes Abolicionistas Brasileiros. Existe um grande número deles e vamos citar apenas alguns dos mais famosos, tais como: Eusébio de Queirós (Abolição do Tráfico), Visconde do Rio Branco (Lei do Ventre Livre), Joaquim Nabuco, Rui Barbosa, José do Patrocínio, Luís Gama, André Rebouças, Antonio Bento, Silva Jardim, Raul Pompéia, Castro Alves, entre outros.

Um fato interessante é que a maioria dos abolicionistas pertenceu às duas Sociedades Secretas da época. Estavam em uma delas ou na outra; muitos militaram nas duas.

Para encerrar este Capítulo vamos trazer um pouco da pre-

[5] CASTELLANI, José. "*Os Maçons e a Abolição da Escravatura*". Londrina: Editora Maçônica "A TROLHA" – Londrina – PR – 1ª Edição – 1998.

Castro Alves

sença de Castro Alves (Maçom e Bucheiro) na campanha abolicionista. Poeta de primeira água e orador inflamado, com suas qualidades conseguia empolgar a todos os que o escutavam.

Antônio Frederico de Castro Alves nasceu na cidade de Curralinho (hoje Castro Alves), no interior da Bahia, em março de 1847 e veio a falecer, na flor da idade, com apenas vinte e cinco anos em Salvador.

Sua poesia foi marcada pelo constante combate à escravidão sendo chamado de o "Poeta dos Escravos". Para muitos autores é considerado o mais inspirado dentre todos os poetas brasileiros. Sua poesia, em especial naquilo que tratava da escravidão, é grandiloquente, altaneira e vibrante, sempre próxima das características da Oratória e destinada a empolgar seus ouvintes.

Castro Alves pertenceu ao Condoreirismo, uma escola literária que englobou os chamados poetas da terceira geração Romântica, sempre marcada pela defesa das causas sociais e igualitárias. O nome da corrente se associa com aves como o condor, notável pelo seu voo alto e solitário e por sua grande capacidade de enxergar ao longe.

Abaixo uma amostra da monumental poesia de Castro Alves. Trata-se do Sexto Canto pertencente ao poema "Navio Negreiro", parte de sua obra dedicada aos Escravos:

E existe um povo que a bandeira empresta
P'ra cobrir tanta infâmia e cobardia!...
E deixa-a transformar-se nesta festa
Em manto impuro de bacante fria!...
Meu Deus! Meu Deus! Que bandeira é esta,
Que impudente na gávea tripudia?...

Silêncio!... Musa, chora, chora tanto
Que o pavilhão se lave no teu pranto.

Auriverde pendão da minha terra,
Que a brisa do Brasil beija e balança,
Estandarte que a luz do sol encerra,
E as promessas divinas da esperança...
Tu, que da liberdade após guerra,
Foste hasteado dos heróis na lança,
Antes te houvessem roto na batalha,
Que servires a um povo de mortalha!...

Fatalidade atroz que a mente esmaga!
Extingue nesta hora o brigue imundo
O trilho que Colombo abriu na vaga,
Como um íris no pélago profundo!...
... Mas é infâmia demais... Da etérea plaga
Levantai-vos, heróis do Novo Mundo,
Andrada! Arranca este pendão dos ares!
Colombo! Fecha a porta de teus mares! (**)

Os quatro versos finais da terceira estrofe deste Canto dizem tudo a respeito da poesia de Castro Alves.

Finalmente, vou dar uma ***puxada na brasa para a minha sardinha.*** Eu gosto tanto da literatura, como da poesia, tanto é que tenho algumas "coisinhas" escritas, além de textos ligados à Maçonaria. Castro Alves, na minha modesta opinião, é o maior poeta entre os antigos, assim como considero que, em termos de rimas, Chico Buarque é imbatível entre os contemporâneos. Sou membro da Academia Brasileira de Artes, Ciências e Letras, com Sede em São Paulo – SP, ocupando a Cadeira Nº 46 que, por feliz coincidência, tem como Patrono justamente CASTRO ALVES!

(*) ALVES, Antônio Frederico de Castro. "*Poesias Completas de Castro Alves*". Rio de Janeiro: Editora Tecnoprint (Ediouro) – Rio de Janeiro. S/D.

16° CAPÍTULO

A CAMINHO DA REPÚBLICA

INTRODUÇÃO:

O movimento republicano, especialmente em seu período final, acompanhou "pari passu" a Campanha para a Abolição. Uma grande parte dos abolicionistas era republicana. Na medida em que as leis abolicionistas iam surgindo, tanto era maior a perda de prestígio do Império. Os grandes escravocratas consideravam que a libertação dos cativos seria uma enorme perda para seus capitais, mesmo porque não se falava em uma compensação monetária, em valor compatível, com a quantidade de escravos libertados.

Além desta questão, existiram outras que iremos ver de modo sucinto. Foram elas: a Questão Militar, a Questão Religiosa e a Questão do Terceiro Império. Todas elas, com maior ou menor importância, contribuíram para o final do Império Brasileiro. Para entendermos bem, basta vermos as datas de Abolição e da República: treze de maio de 1888 e 15 de novembro de 1889. Pouco mais de um ano entre as duas!

CONVENÇÃO REPUBLICANA DE ITU O PRIMEIRO GRANDE PASSO:

Podemos considerar que a chamada Convenção de Itu foi a principal impulsionadora do movimento republicano.

No ano de 1873 a cidade de Itu, no Estado de São Paulo, foi escolhida para sediar a Primeira Convenção Republicana. Isto se deu graças à sua proximidade com São Paulo e por ser, na época, um polo de liderança política, nesta fase que podemos considerar como de transição em nossa história. Em consequência disto a cidade passou a ser chamada de *"Berço da República"*.

Esta convenção foi realizada no dia dezoito de abril de 1873, na casa do então deputado Prudente de Morais (posteriormente Presidente da República), contando com republicanos das mais diversas cidades paulistas, tanto pertencentes ao Grupo Liberal como ao Grupo Conservador. Foram cento e trinta e três participantes, sendo que setenta e oito eram cafeicultores e os demais divididos entre diversas profissões.

A reunião foi presidida por João Tibiriçá Piratininga, agricultor radicado na cidade de Indaiatuba-SP (perto de Campinas). Foi revestida de extrema solenidade e suas discussões conclamavam os participantes a se engajarem em uma campanha liberal que teria como finalidade exclusiva a implantação de um regime republicano do Brasil.

Dela surgiu o chamado Partido Republicano Paulista, o primeiro organismo político brasileiro bem organizado. A ele se aliaram, posteriormente, os Partidos Republicanos Mineiro e Fluminense. Associaram-se também militares e religiosos liberais. A partir daí o movimento republicano foi ganhando inúmeros adeptos e projeção, culminando com a Proclamação da República.

Anterior ao Partido Republicano Paulista e que pode ser considerado como seu precursor, existiu, à época da crise do Segundo Reinado, no Rio de Janeiro, um periódico denominado "A República", fundado por Salvador de Mendonça e em sua redação colaboravam cinquenta e sete membros do partido Liberal (chamados de luzias) e liderados por Quintino Bocaiuva e Saldanha

Marinho (Grão-Mestre do Grande Oriente do Brasil), que haviam decidido formar um *Clube Republicano* no Rio de Janeiro.

Em seu primeiro número, em 03 de dezembro de 1870, trouxe a público o Manifesto Republicano. Foi o primeiro periódico a defender abertamente as ideias republicanas e, com certeza, influenciou a criação do Partido Republicano Paulista. Sua circulação foi encerrada em 1888.

O Manifesto foi assinado por Rangel Pestana, um político, jurista e jornalista brasileiro formado pela Faculdade de Direito do Largo São Francisco. Inicialmente foi Deputado pela Província de São Paulo em diversas legislaturas sendo posteriormente eleito Senador.

Prudente de Moraes foi um ituano e político filiado ao PRP, depois de ocupar cargos de vereador, deputado e senador, tendo sido o primeiro a ocupar o cargo de Presidente da República eleito pelo voto direto. Foi o terceiro Presidente da República e marcava a ascensão da oligarquia cafeeira ao poder nacional e o primeiro civil a ocupar o cargo em 1894.

A QUESTÃO MILITAR:

Nós já vimos que a Guerra do Paraguai exerceu grande influência na Campanha Abolicionista. Desde seu final, em 1870, os militares passaram a ter uma influência maior no cenário político nacional. O Exército ganhou uma nova organização sendo criado um quadro de carreiras e promoções. Este fato passou a atrair jovens de família menos abastadas que viam na carreira militar um meio para atingirem seus fins.

Os escravos recém-libertados e aqueles que participaram da Campanha do Paraguai também viam assim. Apesar de todos estes atrativos, os salários e a própria carreira não eram alvos dos pensamentos das autoridades monárquicas dominantes. Claro é que, naquele estado de coisas, os militares passaram a assumir posições contrárias ao regime monárquico.

No ano de 1883, esse clima de oposição se tornou mais grave, quando um grupo de oficiais atacou o governo por causa do projeto de revisão da aposentadoria dos militares. Mediante as críticas, o governo recuou e anulou o projeto. Em contrapartida, vetou que os membros do Exército utilizassem dos meios de comunicação para atacar as instituições ou autoridades do Império.

O Tenente-Coronel Sena Madureira desconheceu as novas instruções e publicou um texto elogiando um jangadeiro cearense que se negava a transportar escravos. Era um repúdio ao sistema escravocrata mantido pelo governo imperial. Como punição foi transferido da capital para o Rio Grande do Sul.

Em 1886, o Coronel Cunha Matos redigiu um texto no qual realizou uma série de severas críticas ao Ministro da Guerra Alfredo Chaves. O Coronel foi advertido e punido com dois dias de detenção.

Contudo, um grupo de oficiais de Porto Alegre liderados por Deodoro da Fonseca, então vice-presidente da Província, questionou as leis que proibiam o direito dos militares se defenderem através dos meios de imprensa. O fato causou tremenda celeuma, pois sendo Deodoro um Conservador, como teria saído em defesa dos Coronéis tidos como Liberais?

A subida do Visconde de Ouro Preto, um inimigo declarado de Deodoro, à chefia do Ministério foi a gota que faltava para que Deodoro, apesar de monarquista convicto, se passasse para o lado republicano. Daí para a Proclamação foi apenas um pulo.

A QUESTÃO RELIGIOSA:

A Questão religiosa foi um sério conflito ocorrido especialmente durante a década de 1870, quando surgiu uma disputa entre a Maçonaria e a Igreja e que acabou por se transformar em uma questão de Estado.

No Brasil, existia uma tradição, herdada de Portugal e denominada *"Padroado"*, segundo a qual era atribuída, totalmente ao Estado, a construção dos Templos, a organização das Irmandades Religiosas, as indicações de Padres e Bispos em suas respectivas Jurisdições, e ainda mais prover os seus sustentos. Desta forma os religiosos tornavam-se, praticamente, funcionários do Estado. Devemos lembrar que o Império Brasileiro, apesar de reconhecer e dar liberdade a outras crenças religiosas, fizera do Catolicismo sua Religião Oficial.

Apesar desta oficialização, o governo imperial se reservava o direito de controlar todas as normas canônicas emitidas pela Santa Sé. Se fossem consideradas contrárias à nossa soberania ou ferissem nossas leis, elas poderiam ser recusadas pelo Imperador e não aplicadas no território nacional. Este fato era conhecido como privilégio do Beneplácito ou *"Placet Imperial"*.

No Brasil, enquanto o povo vivia em uma relativa frouxidão de costumes e a religião sofria influências do folclore indígena e do sincretismo com as tradições africanas, nossas elites já eram atingidas pelas ideias do Iluminismo e do Cientificismo que estiveram na origem do Liberalismo. É claro que nossa Maçonaria teria que se enquadrar dentro da corrente Liberal. Mesmo dentro do Clero, poderemos encontrar uma boa parte de religiosos com tendências totalmente liberais.

Havia até mesmo alguns religiosos que chegaram a pregar o fim do celibato clerical, abraçando os ideais do liberalismo e ingressando na Ordem Maçônica, apesar de todas as proibições emitidas pela Igreja que atribuía a pena da Excomunhão a todos os Maçons. Acontece que estas medidas não conseguiram o Beneplácito de Dom Pedro II e, portanto, não poderiam ser admitidas no Brasil.

A Questão acabou centrada na atuação de dois Bispos ultrarradicais (ou ultramontanos, defensores extremos do Catolicismo) que, em desacordo total com as leis brasileiras e com a falta do Beneplácito Imperial, interditaram as Irmandades que mantinham, em seus Quadros dentro de suas respectivas Jurisdições, elementos pertencentes à Maçonaria.

Historicamente, considera-se que o estopim para a deflagração da Questão, foi o discurso proferido no dia três de março de 1872, pelo Padre José Luís de Almeida Martins, no Grande Oriente, ao Vale do Lavradio, no Rio de Janeiro, no qual era enaltecida a figura do Visconde do Rio Branco – Grão-Mestre da Maçonaria, pela promulgação da "Lei do Ventre Livre".

O Bispo do Rio de Janeiro, Dom Pedro Maria de Lacerda, ordenou que o Padre se afastasse da Maçonaria, como era exigido pelas normas católicas, que, no entanto, não tinham valor diante das leis brasileiras. O Padre negou-se a fazê-lo e ainda publicou, na íntegra, seu discurso pela imprensa carioca. Em represália, o Bispo suspendeu as ordens sacras do Padre.

A Maçonaria, fazendo uso de sua força, saiu em defesa do seu Membro através da imprensa e no próprio Senado, onde possuía muito poder. Nem é preciso dizer que o antagonismo entre as duas partes ganhou um caráter extremamente exacerbado.

Do Rio de Janeiro, a disputa ganhou corpo e espalhou-se pelo Brasil, atingindo um caráter de grande intensidade nas províncias de Pernambuco e do Pará, locais onde seus Bispos passaram a impor as normas da Santa Sé em total desrespeito às leis brasileiras.

Em Olinda, para onde fora designado por Dom Pedro II, o Bispo Dom Frei Vital de Oliveira (nome de batismo Antônio Gonçalves de Oliveira Júnior), e em Belém do Pará, para onde fora designado o Bispo Dom Antônio de Macedo Costa, ambos muito jovens e inexperientes, um com 26 anos e o outro com 30, abusando do poder que foram investidos, interditaram as Irmandades religiosas que mantinham em seus Quadros elementos pertencentes à Maçonaria.

Os dois Bispos, negando-se a levantar os interditos, foram denunciados como criminosos pela Maçonaria, e o Imperador, não tendo alternativa, tendo em vista o flagrante desrespeito às leis, mandou prendê-los. Foram julgados e condenados.

A condenação veio a colocar ainda mais lenha na fogueira e liberais e conservadores passaram a se combater em todas as instâncias. As posições foram ficando cada vez mais extremadas, acarretando um enfraquecimento ainda maior no prestígio e autoridade do poder imperial. Claro é que a Questão Religiosa contribuiu fortemente para a queda da Monarquia.

Na verdade, os dois prelados foram presos e trazidos ao Rio de Janeiro, sendo encarcerados no Arsenal da Marinha. Foram julgados e, apesar de toda a habilidade de seus defensores, o veredito foi implacável, condenando-os a quatro anos de prisão com trabalhos forçados. Dom Vital foi levado para o Forte de São João e Dom Macedo para a Ilha das Cobras. A sentença foi rapidamente comutada para prisão simples.

A prisão dos dois Bispos não encerrou definitivamente e a Questão teve desdobramentos provocando grandes controvérsias no seio da população brasileira. A Questão atingiu também a política e o Gabinete Conservador do Barão do Rio Branco, não aguentando as pressões, acabou por cair. Foi convidado para formar um novo Gabinete, o liberal Duque de Caxias (Luís Alves de Lima e Silva), que colocou como cláusula para a sua aceitação a concessão de anistia aos dois condenados.

Sob pressão de um novo Ministério a ser formado e atendendo a pedido de sua filha, a Princesa Isabel, uma católica fervorosa, Dom Pedro II, embora contrariado, concedeu a anistia e os dois Bispos puderam voltar às suas Sedes, onde foram recebidos com muitas festas por boa parte da população. Um fato curioso: os Bispos foram condenados durante o governo de um Gabinete Conservador e anistiados sob um Ministério Liberal!

Apesar de que a anistia encerrou oficialmente a Questão Religiosa e seus efeitos continuaram a se fazer sentir, tirando totalmente o apoio da Igreja e dos católicos em relação à continuidade de Dom Pedro II como Imperador do Brasil. A separação total entre o poder temporal dos governantes e o poder espiritual da Igreja só foi resolvida depois da Proclamação da República.

A QUESTÃO DO TERCEIRO IMPÉRIO:

Para tratarmos da questão do Terceiro Império teremos que abordar as leis imperiais quanto à Sucessão. Sendo um ramo da Casa de Bragança, as regras de sucessão no Brasil eram as mesmas que regiam o Trono Português. De início estas leis diziam que o sucessor deveria ser alguém descendente, em linha direta e legítima de Dom Pedro I, não podendo, jamais, ser um estrangeiro. Além disso, estas regras não se sujeitavam à chamada Lei Sálica, pela qual o Sucessor só poderia ser do sexo masculino.

Dom Pedro II tivera quatro filhos, dos quais, os únicos sobreviventes foram Dona Isabel e Dona Leopoldina. De acordo com a lei a Princesa Isabel seria a herdeira direta do Trono. Quanto ao casamento da Princesa herdeira do Trono, este deveria ser feito com a autorização do Imperador ou da Assembleia Nacional, devendo os cônjuges professar a Religião Católica. Dona Isabel nascera no Rio de Janeiro e tivera quatro irmãos, dois homens e duas mulheres. Com a morte dos varões e sendo a mais velha das irmãs, o direito à sucessão a ela pertencia.

As normas constitucionais que previam toda a lista sucessória estavam contidas na Carta Outorgada de 1824 e diziam que, inicialmente, caberia, em linhagem direta e legítima à descendência de Dom Pedro I. Além deste caminho que nos levou à Princesa Isabel como herdeira do Trono, a Carta Outorgada dava outras providências quanto à sucessão, prevendo inclusive o final de uma dinastia e a escolha de uma nova linhagem de sucessão.

Dom Pedro II, nascido em 1825, depois de chegar a uma idade mais avançada, passou a ter a saúde totalmente instável, viajando com constância para a Europa para tratar-se. Suas condições agravaram-se a partir de 1880 e a realidade de um Terceiro Império tornava-se cada vez mais próxima. Vamos relembrar que Dom Pedro II faleceu, em Paris, no final do ano de 1891, portanto apenas dois anos depois da Proclamação da República.

Apesar da constante atuação da Princesa Isabel como Regente durante as viagens de seu Pai, inclusive assinando a Lei Áurea que deu a liberdade total aos escravos e ter demonstrado firmeza e liberalismo em suas decisões, havia uma forte oposição à sua ascensão ao Trono. Contribuíam como fatores decisivos para esta oposição, o fato de ser mulher, de ser católica fervorosa, ainda mais, casada com um Príncipe Estrangeiro. Perguntava-se, à boca pequena, como seria então, um Terceiro Reinado dirigido por uma Imperatriz carola e casada com um estrangeiro avarento?

Como todos os casamentos envolvendo pessoas da realeza na época eram arrumados através de uma série de contatos e escolhas iniciais até haver um interesse das duas partes, este também não fugiu à regra. Desta forma vieram para o Brasil dois primos: os Príncipes Gastão de Orleans, o Conde D'Eu e Luís Augusto de Saxe-Coburgo-Gota, sobrinhos-netos do Rei Leopoldo I, da Bélgica. O primeiro casou-se com a princesa Isabel enquanto que o segundo casou-se com sua irmã, a Princesa Leopoldina.

Um fato interessante em relação a este casamento é que, aparentemente, o Conde D'Eu deveria desposar a Princesa Leopoldina. No entanto, a Princesa Isabel, ao vê-lo, apaixonou-se perdidamente por ele e então os noivos foram trocados. Os historiadores nos dizem que apesar do casamento haver sido arrumado, o casal acabou por formar um par bastante apaixonado. Outro fato interessante é que o casamento foi realizado na Capela Imperial do Rio de Janeiro, em

1864, ao contrário de inúmeros outros casamentos reais, quando as partes frequentemente eram representadas por procuradores.

Então, a aparente proximidade da morte de Dom Pedro II e a presença da Princesa Isabel, como Imperatriz, tendo ao seu lado um marido estrangeiro, serviram como mais um fator estimulante para a Proclamação da República.

BENJAMIM CONSTANT BOTELHO DE MAGALHÃES:

Vamos tentar regatar um pouco da história daquele que foi um dos grandes esteios da Proclamação da República.

Benjamin Constant (Niterói, 1836 – Rio de Janeiro, 1891) foi um político, estadista, militar, engenheiro e professor brasileiro e de importância relevante na condução dos trabalhos que culminaram com a Proclamação da República.

Benjamim Constant (ao lado) ganhou este nome em homenagem ao grande político, pensador e estadista francês, apesar de nascido na Suíça, Henri-Benjamim Constant de Rebcque, conhecido apenas por Benjamim Constant.

Fez seus estudos iniciais no Colégio São Bento, no Rio de Janeiro. Posteriormente, formou-se em Engenharia na Escola Militar da Praia Vermelha. Participou da Guerra do Paraguai como Engenheiro Civil e Militar, de agosto de 1866 até setembro de 1867, de onde se retirou bastante adoentado. Foi professor na Escola Politécnica, na

Escola Normal, na Escola Militar da Praia Vermelha e na Superior de Guerra.

Fiel aficionado pelas teorias do Positivismo de Auguste Comte, difundiu estas ideias nas escolas militares onde lecionou, sendo considerado o principal formador da jovem oficialidade do Exército Brasileiro. Pode, talvez, ser considerado o principal articulador do movimento republicano que culminou com a Proclamação da República. Posteriormente, durante o Governo Provisório de Deodoro foi Ministro da Guerra e, depois, Ministro da Instrução Pública, quando promoveu uma profunda reformulação em todo o sistema de ensino vigente até então. Foi consagrado como *Fundador da República Brasileira* nas disposições transitórias da Constituição de 1891.

ENFIM, A PROCLAMAÇÃO:

Nós não iremos repisar este assunto que já é, sobejamente, conhecido por todos. Apenas não podemos deixá-lo passar em branco neste final do Capítulo. Portanto, em rápidas pinceladas, vamos mostrar apenas como ocorreu o fato em si, pois as causas já foram plenamente demonstradas nos textos acima.

A Proclamação da República ocorreu no dia 15 de novembro de 1889, pelas mãos do Conservador e Monarquista, Marechal Manuel Deodoro da Fonseca, por mais incrível que o fato possa parecer.

Deodoro nasceu em Alagoas em um povoado fundado em 1611, denominado, inicialmente, Vila Madalena de Subaúma e, quando criado o município, passou a ser designado por Santa Maria Madalena da Lagoa do Sul. Veio a ser capital de Alagoas em 1817, passando a se chamar Alagoas da Lagoa do Sul. Foi elevada à condição de cidade em 1823. Posteriormente, a capital passou para Maceió, muito melhor localizada, em 1839. Exatamente cem anos depois a cidade teve seu nome novamente alterado e dessa vez veio a chamar-se Marechal Deodoro em homenagem ao seu mais ilustre filho.

Deodoro nasceu no meio de uma família essencialmente militar, tendo, além de duas irmãs, mais sete irmãos. Todos eles foram militares e seis lutaram na Guerra do Paraguai, sendo que três deles morreram em campanha.

Apesar do crescente número de republicanos, a ideia de uma mudança no regime existente não ganhava corpo. Parecia ser inviável a criação de uma República através do voto popular ou através de uma deliberação da Assembleia Geral. Diante deste quadro, a única solução para a mudança do Regime seria conseguida através de um golpe político-militar. Para isto, os republicanos precisavam trazer para o seu lado um grande conjunto de militares que estava descontente com os desdobramentos da chamada Questão Militar. Além do que, precisavam de um militar, de alto prestígio entre as Forças Armadas, para chefiar o movimento.

Os republicanos acabaram por escolher o Marechal Deodoro da Fonseca para liderar o movimento. O trabalho de aliciamento do velho militar, que gozava de extremo respeito entre seus companheiros de armas, foi extremamente árduo e trabalhoso. Além de ser amigo do Monarca, ele ainda possuía fortes convicções conservadoras que o levaram, até quase a última hora, a não aderir ao golpe.

Assim, no dia 14 de novembro de 1889, os republicanos fizeram circular, no meio das tropas, a falsa notícia que o Ministério do Visconde de Ouro Preto emitira uma ordem de prisão contra o Marechal Deodoro e contra o principal líder da oficialidade republicana, o Tenente-Coronel Benjamim Constant.

A falsa notícia foi a gota d'água que faltava para Deodoro decidir-se. Na manhã de quinze de novembro, apesar de estar bastante adoentado, levantou-se e reunindo algumas tropas fiéis, partiu para o Campo da Aclamação (hoje Praça da República). Entrando no Quartel-General do Exército declarou que o gabinete de Ouro Preto estava demitido.

Até então não se falava em Proclamação da República e Dom Pedro II, informado dos acontecimentos, descera de Petrópolis e reunira-se com o Conselho de Estado. Aceitando a demissão de Ouro Preto, tratou de formar um novo Ministério. A Proclamação da República ganhava então um caráter de extrema urgência e Deodoro, ao saber que o novo Ministério poderia ser dirigido por Silveira Martins, antigo desafeto desde os tempos em que presidira a Província do Rio Grande do Sul, decidiu-se e assinou o decreto que punha fim no sistema monárquico brasileiro.

Mais ou menos às quinze horas estava redigida, por José do Patrocínio, a ata relativa aos acontecimentos daquele dia e remetida para a assinatura do Marechal Deodoro. O Imperador ainda tentou a formação de um novo Gabinete com a nomeação do Conselheiro José Antônio Saraiva, mas, ao início da noite, o novo Ministro foi informado que os primeiros decretos já haviam sido assinados e que a Monarquia estava extinta.

Ainda na noite de 15 de novembro de 1889, foi formado o Governo Provisório da República Federativa do Brasil contando com nomes de republicanos históricos, como Campos Sales, Quintino Bocaiuva e Benjamim Constant, e outros nomes de liberais que aderiram à última hora, tais como Rui Barbosa e Floriano Peixoto. De comum tinham eles o fato de serem todos elementos pertencentes à Ordem Maçônica.

A chefia do Governo Provisório ficou em mãos do Marechal Deodoro. O Ministério da Justiça foi ocupado por Campos Sales e o da Marinha pelo Almirante Eduardo Wandenkolck. O Ministério da Guerra ficou com Benjamim Constant inicialmente e depois com Floriano Peixoto. Benjamim Constant passou então a ocupar o Ministério da Instrução Pública. Para o Ministério dos Negócios

Estrangeiros foi Quintino Bocaiuva e para o da Fazenda, Rui Barbosa. O Ministério do Interior ficou a cargo de Aristides Lobo.

Em 16 de novembro, a antiga família imperial foi intimada a deixar o País em um prazo de 24 horas. Em 17 de novembro, Dom Pedro II, acompanhado por toda a sua família, partiu para o exílio, a bordo da fragata Alagoas, primeiramente em Portugal e depois em Paris, na França, onde veio a falecer.

Na tarde de 19 de novembro o Decreto Nº 4 instituía a nova Bandeira do Brasil. A Bandeira Nacional ficou sendo praticamente igual à do Brasil Império, mantido o Retângulo Verde e o Losango Amarelo. Ao centro, as Armas do Império foram substituídas pela esfera celeste, tendo ao centro o Cruzeiro do Sul e cortada por uma faixa contendo os dizeres positivistas *ORDEM E PROGRESSO.*

Entre os atos mais marcantes do governo Provisório, além da instituição da nova bandeira, está a separação feita por Decreto de 7 de janeiro de 1890, entre a Igreja e o Estado, extinguindo o Padroado. Assim o Brasil deixou de ser um País oficialmente Católico. O Marechal Deodoro foi aclamado pelas tropas como Generalíssimo de Terra e Mar tornando-se assim o único oficial-general de seis estrelas no Brasil. Também, por Decreto, todos os seus Ministros receberam a patente de General de Brigada.

Ainda durante o governo Provisório foi institucionalizado o Casamento Civil, perdendo todos os efeitos jurídicos o matrimônio religioso. O Registro Civil tornou-se obrigatório e o ensino religioso em escolas públicas foi proibido.

Deodoro realizou um governo ditatorial, inclusive promovendo a censura à imprensa o que desgostou muitas forças republicanas e liberais. Com isto o período final de seu governo foi muito conturbado. No dia três de novembro de 1891, tentou um Golpe de Estado, dissolvendo o Congresso e decretando o Estado de Sítio. Lançou um *"Manifesto à Nação"* explicando as razões de suas atitudes. Tropas fiéis ao seu governo cercaram os prédios do Legislativo, prendendo os líderes da oposição.

Aconteceu que os republicanos paulistas não concordaram com a atitude do Presidente e declararam seu apoio ao Marechal Floriano Peixoto que era o Vice-Presidente da República, causando uma forte divisão entre as Forças Armadas.

Em novembro de 1891, ocorreu a Revolta da Armada, quando em um ato de total insubordinação, o Almirante Custódio de Melo ameaçou bombardear a cidade do Rio de Janeiro caso Deodoro não renunciasse à Presidência. O Marechal, pressionado por todos os lados e para evitar uma guerra civil com o derramamento desnecessário de sangue, optou pela renúncia que ocorreu em 23 de novembro de 1891, quando assumiu a Presidência o Marechal Floriano Peixoto cognominado o *"Marechal de Ferro"*. Assim que este assumiu a Presidência suspendeu, imediatamente, o Estado de Sítio e restabeleceu o Congresso, voltando o País a viver dentro da constitucionalidade.

BIBLIOGRAFIA GERAL

ALVES, Antônio Frederico de Castro. *Poesias Completas de Castro Alves*. Rio de Janeiro: Tecnoprint (Ediouro) S/D.

ASLAN, Nicola. *Grande Dicionário Enciclopédico*. 1ª ed. Rio de Janeiro: Artenova: S/D.

BANDECHI, Pedro Brasil. *A Bucha, A Maçonaria e o Espírito Liberal*. 1ª ed. São Paulo: Prisma, 1982.

BEHRING, Mário. Tiradentes. **"A TROLHA"**, Londrina, Nº 114 – abr. 96.

BURNS, Edward McNall. *História da Civilização Oriental*. 3ª ed. 4ª Reimpressão. Porto Alegre: Globo, 1975.

CÂNDIDO, Maria Regina. *Medeia, Mito e Magia: a imagem através do tempo*. Núcleo de Estudos da Antiguidade. Rio de Janeiro: NEA/UERJ – Fábrica do Livro/SENAI.

CARVALHO, Francisco de Assis. *Itambé – Berço Histórico da Maçonaria Brasileira*. 1ª ed. Londrina: "A TROLHA", 1996.

CASTELLANI, José. *Tiradentes*. *in* Consultório Maçônico. v. 2. 1ª ed. Londrina: "A TROLHA", 1987.

______. *Os Maçons e a Questão Religiosa*. 1ª ed. Londrina: "A TROLHA", 1996.

______. "Os Maçons e a Abolição da Escravatura". 1ª ed. Londrina: "A TROLHA", 1998.

CONSTITUIÇÃO do Grande Oriente Paulista.

CORTEZ, Joaquim Roberto Pinto. *Reflexões Sobre um Rito Escocês (Bem) Antigo e Aceito*. 1ª ed. Londrina: "A TROLHA", 2015.

______. *A Maçonaria Escocesa – Fatos, Verdades e Realidades*. 1ª ed. Londrina: "A TROLHA", 2009.

______. *Maçonaria – Origens – Teoria e Prática*. 1ª ed. Londrina: "A TROLHA", 2005.

______. *Fundamentos da Maçonaria*. 1ª ed. São Paulo: Madras, 2001.

______. "O Cedro do Líbano". *in* **"A TROLHA"**, Londrina, Nº 335 – nov. 14.

COSTA, Emília Viotti da. O Trabalho Escravo na Grande Lavoura. *in* **História Geral da Civilização Brasileira**. Livro V – Tomo II – O Brasil Monárquico – 3º vol. 2ª ed. São Paulo: Difusão Europeia do Livro, 1969.

DICIONÁRIO Michaelis. Diversas Edições. São Paulo: Melhoramentos.

DIVERSOS. Atlas Geográfico Universal. 1ª ed. São Paulo: E. P. Brasileira, 1972.

DIVERSOS. *Personagens de Nossa História* – em Quatro Volumes. 1ª ed. São Paulo: Abril Cultural, 1972.

FAZZOLLI FILHO, Arnaldo. *História do Brasil.* 1ª ed. São Paulo: Editora do Brasil, 1978.
FERREIRA, Aurélio Buarque de Holanda. *Novo Dicionário Aurélio da Língua Portuguesa.* 2ª ed. Rio de Janeiro: Nova Fronteira, 1986.
FIGUEIREDO, Padre Antônio Pereira (Tradução). *A Bíblia Sagrada.* 1ª ed. Erechim: Edelbra, S/D.
FREYRE, Gilberto. *Casa-Grande & Senzala.* 34ª ed. Rio de Janeiro: Record, 1998.
HORNE, Alex. *O Templo do Rei Salomão na Tradição Maçônica.* 1ª ed. São Paulo: Pensamento, S/D.
LIMA, Oliveira. *O Movimento da Independência.* 5ª ed. São Paulo: Melhoramentos, 1972.
LUZ, Nícia Vilela. Inquietação Revolucionária no Sul – Conjuração Mineira. *in* **História Geral da Civilização Brasileira.** São Paulo, v. II. 2ª ed. Difusão Europeia do Livro, 1968.
MATTOS, Odilon Nogueira de. D. Pedro I. *in* Grandes Personagens de Nossa História, v. II. 1ª ed. **Abril Cultural**, São Paulo, 1972.
NAME, Mário – Tiradentes em Portugal? **"A TROLHA"**, Londrina, Nº 100, fev. 95.
PINSENT, John. *Mitos e Lendas da Grécia Antiga.* 1ª ed. São Paulo: Melhoramentos, 1978.
PROEBER, Kurt. *Tiradentes. in* Consultório Maçônico. v 2. – 1ª ed. Londrina: "A TROLHA", 1987.
QUINTAS, Amaro. *in* História Geral da Civilização Brasileira – Tomo II. **O Brasil Monárquico.** 3ª ed. São Paulo: Difusão Europeia do Livro, 1970.
REIS, Arthur Cézar Ferreira. *in* História Geral da Civilização Brasileira – Tomo I. 2º v. 2ª ed. São Paulo: Difusão Europeia do Livro, 1968.
REGIMENTO Normativo do Grande Oriente Paulista.
ROCHA, Luiz Gonzaga da Rocha. *A Bucha e Outras Reminiscências Maçônicas.* 1ª ed. Londrina: "A TROLHA", 1999.
SIGNIER, Jean François. Sociedades Secretas. Vol. II. 1ª ed. São Paulo: Larousse do Brasil, 2011.
SOUTO MAIOR, A. *História do Brasil.* – 10ª ed. São Paulo: Cia. Editora Nacional, 1974.
SOUZA FILHO, Ubyrajara de. *Baphomet e o Mito do Bode.* 1ª ed. Londrina: "A TROLHA", 2005.
TAUNAY, Alfredo D'E. e Accioly, Roberto B.. *História Geral da Civilização Brasileira.* 1ª ed. Rio de Janeiro: Bloch, 1973.
TEIXEIRA, Francisco M. P. *Estudos de História do Brasil* (Volumes 1 e 2). 1ª ed. São Paulo: Moderna, – S/D.
"Três Cartas de Dona Leopoldina" – publicadas pela Folha de São Paulo.
VIANNA, Hélio. *História do Brasil.* 9ª ed. São Paulo: Melhoramentos, 1972.